Mon chat en vrac

Archie Kimpton

Mon chat en vrac

Illustré par Kate Hindley

Traduit de l'anglais (Royaume-Uni)
par Valérie Le Plouhinec

Witty
Albin Michel Jeunesse

Titre original :
Jumblecat
Édition originale publiée au Royaume-Uni en 2014
par Hot Key Books

22, rue Huyghens, 75014 Paris
Blog : albinmicheljeunesse.blogspot.fr
Loi n° 49-956 du 16 juillet 1949 sur les publications destinées à la jeunesse
Dépôt légal : premier semestre 2015
ISSN : 2262-4333 – ISBN : 978-2-226-31528-1

À papa – qui n'a jamais perdu sa voix, lui.

1.

CHEZ LES CHAUSSON

Vous arrive-t-il parfois de vous dire qu'il y a quelque chose qui cloche chez vous ? Que la famille avec laquelle vous vivez n'est peut-être pas votre famille du tout, en réalité ? Que peut-être, peut-être, il y a eu un cafouillage colossal à la maternité le jour de votre naissance, et que vous vous retrouvez coincé avec une bande d'hurluberlus qui ne peuvent pas avoir le moindre lien de parenté avec vous ?

Eh bien, Billy Chausson, lui, y songeait à peu près tous les jours.

Par-dessus la table du petit déjeuner, il regarda

sa sœur jumelle, Mindy. Comment pouvait-elle être sa sœur ? Elle aurait aussi bien pu appartenir à une autre espèce : jamais le terme de « jumelle » n'avait été moins indiqué. Tout d'abord, elle ne lui ressemblait même pas, avec ses cheveux blonds et son nez tellement large et plat qu'on aurait dit un champignon accroché à un tronc d'arbre. En plus, elle était grande, bien plus grande que Billy, et malheureusement bien plus forte aussi ; chaque fois qu'une dispute entre eux dégénérait, elle lui bloquait la tête sous son bras et lui envoyait un rot sonore dans l'oreille, le laissant à moitié sourd pendant des heures.

Billy versa des céréales dans son bol et tendit la main vers le lait. Si Mindy était réellement sa sœur jumelle, ils devaient forcément avoir une connexion spéciale. Si elle ressentait de la douleur, éprouverait-il la même chose ? Il envisagea un instant de lui donner un coup de pied sous la table, juste pour voir s'il aurait mal aussi, mais quelque chose lui disait que ce ne serait pas une bonne idée. Comme chacun savait chez les Chausson, Mindy avait un caractère de cochon.

Et soudain, il comprit. C'était évident ! Si elle était réellement, vraiment, pour de bon sa sœur jumelle, alors ils devaient pouvoir communiquer par le seul pouvoir de leurs esprits. Par télépathie ! Il allait la télépathiser. Il posa sa cuiller et la regarda fixement, concentré, en l'appelant dans sa tête.

« Mindy, tu m'entends ? » télépathisa-t-il.

Mais Mindy était occupée. Sa poupée, Pépita Petitpied, ne voulait pas manger son petit déjeuner. Chaque fois qu'une miette de céréale lui tombait de la bouche, Mindy lui tapait violemment sur le crâne avec une cuiller à soupe.

Billy fit une nouvelle tentative.

« Ho ! Mindy ! Tête-d'Élan ! C'est moi, Billy ! »

Mais la ligne télépathique Chausson était hors service.

Pourtant, sa sœur finit par relever les yeux.

– Tu veux ma photo ? Quel taré, celui-là !

– Tête-d'Élan, répéta-t-il, mais à voix haute, cette fois.

Évidemment, Mindy appela aussitôt du renfort.

– Mamaaaan ! brailla-t-elle avec un sourire vicieux. (Elle savait qu'elle attirait des ennuis à son frère, et elle adorait ça.) Maman, Billy me traite de tête d'élan !

Ah, oui. Maman. Également appelée Phillipa Chausson. *Alias* Phillipa Chausson la Chasseuse de Chats, à cause de sa manie de chasser à coups de pied les chats qui paressaient sur les trottoirs du voisinage. Elle les haïssait. D'ailleurs, elle haïssait tous les animaux ; mais avec les chats, sa haine atteignait des sommets.

– Billy, ne parle pas comme cela à ta sœur ! aboya-t-elle en frémissant de dégoût. Comment tu peux comparer Mindy à un immonde élan dégoûtant, ça me dépasse. Ils se roulent dans leur crottin, tu sais ?

Et elle retourna à ses activités, qui consistaient à laver des carottes, à les sécher au sèche-cheveux, puis à ranger individuellement chaque carotte rutilante de propreté dans un petit sachet plastique.

Billy ne répondit rien, même quand Mindy lui tira la langue. Il avait l'habitude d'être dénoncé par sa sœur et grondé par sa mère.

À supposer qu'elle soit réellement sa mère.

Phillipa Chausson était très grande. La plus grande de toutes les femmes que Billy avait vues dans sa vie, et bien plus grande que son père. En plus, elle remontait toujours ses cheveux dans un chignon serré sur le sommet de sa tête, ce qui la grandissait encore plus. Comme Mindy, elle avait le nez large et plat, mais le sien ressemblait plus au pif écrabouillé d'un boxeur qu'à un champignon. Cependant, la principale caractéristique de Phillipa Chausson était qu'elle ne supportait pas la saleté. Pas une miette, pas un mouton, pas une microparticule de poussière n'échappaient à son regard d'aigle. Si même un atome de crasse parvenait à entrer chez elle, elle se mettait à quatre pattes pour l'éradiquer sur-le-champ.

L'hiver précédent, par exemple, après la visite d'un employé du gaz aux chaussures particulièrement boueuses, elle avait tenu à recouvrir sa maison entière de bâches en plastique. Elle avait d'abord protégé les sols, puis les plinthes, puis les murs, aussi haut qu'elle pouvait tendre les bras.

– Enfin ! avait-elle soufflé en s'asseyant sur le canapé avec une tasse de thé. Plus personne ne salira ma maison.

Pourtant, ce n'était pas terminé. En sirotant son thé, elle avait remarqué une tache minuscule sur un coussin. C'était une tache microscopique, invisible à l'œil nu pour un humain normal. Mais pas pour Phillipa Chausson. À dater de cet instant, elle avait tout recouvert de bâches en plastique. Le canapé et ses coussins en premier, puis la télévision, la table, les chaises, les bibelots, même sa précieuse collection de cuillers en bois de l'époque victorienne : tout, tout avait été plastifié des pieds à la tête et de fond en comble. La cuisine avait été traitée ensuite, suivie par le couloir de l'entrée et la buanderie. Trois jours plus tard, le rez-de-chaussée entier (à l'exception du four et du grille-pain) était entièrement recouvert de plastique.

Du coup, les déplacements dans la maison étaient devenus bruyants. Scouic, scouic, scouic, à chaque pas. Scouic, scouic de la table de la cuisine à l'évier. Scouic, scouiiiiiic quand on s'asseyait dans le canapé. Mais Phillipa Chausson était intraitable. Sa maison était immaculée, c'était tout ce qui comptait.

Billy se dépêcha de terminer ses céréales. Quand sa mère et sa sœur étaient présentes, il passait le moins de temps possible dans la maison. C'était mieux ainsi, et puis il y avait bien plus intéressant à faire dehors. Il déposa son bol dans l'évier et commença à se préparer un sandwich au fromage pour plus tard. Il passait parfois la journée entière à se promener dans les bois et les collines des environs, et il ne voulait pas avoir faim.

Imaginez le tableau. Juste au moment où Billy plaçait le fromage entre les deux tranches de pain, une miette esseulée tomba de l'assiette. Elle atterrit sur le sol bâché, sans faire plus de bruit qu'une

fourmi qui s'évanouit par une journée de canicule. Bien sûr, Billy n'avait rien remarqué, mais...

– BILLY ! s'époumona Phillipa Chausson.

En un éclair, elle fut à quatre pattes, en train de chercher la miette. Billy recula trop vite et lui tomba dessus, si bien que le fromage lui échappa des mains. Tous trois le regardèrent avec horreur s'envoler et, PLAF, se coller au plafond, le seul endroit qui n'était pas protégé par du plastique.

Cette fois, ce fut un rugissement féroce :

– BILLY !

Il se releva à la hâte, attrapa le pain et prit ses jambes à son cou pour filer vers le mont Tourne-boule.

2.

LE MONT TOURNEBOULE

C'était son endroit préféré au monde. Nulle part ailleurs il ne se sentait plus heureux que dans les bois qui entouraient le mont Tourneboule (lequel n'était, en réalité, qu'une colline). Il les connaissait comme sa poche ; chacun des arbres, des buissons et des nids d'oiseaux lui était aussi familier que les meubles de sa chambre, et pourtant, à chacune de ses promenades, il découvrait quelque chose de nouveau.

Jusque-là, sa matinée n'avait pas été couronnée de succès. Tout ce qu'il avait trouvé, c'était un miroir de poche fêlé et un vieil os cassé qui avait pu appartenir à un écureuil géant ou peut-être à un dinosaure miniature. Certains jours, en errant dans les bois, il découvrait de vrais trésors. Pas plus tard que la semaine précédente, il était tombé sur un lucane cerf-volant (c'est-à-dire un coléoptère à grandes cornes) desséché, un gland géant, quelques billes et une feuille qui avait la forme de l'Italie, tout cela le même jour. C'était le genre de choses qu'il rapportait chez lui. Sa mère appelait ça « des nids à poussière ». Pour sa part, il préférait parler du « bric-à-brock à Billy », et celui-ci s'étalait par terre tout autour de son lit, jusqu'à la corde à sauter que Mindy avait tendue pour marquer une frontière nette entre leurs deux moitiés de la chambre. Quand sa sœur n'était pas là, il s'allongeait sur son lit pour rêvasser à propos de ses trésors, de son précieux bric-à-brock : il rêvait de bossus jouant aux billes dans les bois, ou de prisonniers évadés italiens pleurant à la vue de la feuille en forme de botte, ou de lucanes géants jouant au ping-pong avec la tête de Mindy.

Il sortit des bois et coupa à travers un champ pour rejoindre le pied du mont Tourneboule. Après l'air frais du sous-bois, le soleil de l'après-midi lui réchauffait la peau. Il s'étendit dans les hautes herbes, ferma les yeux et se demanda qui, de l'écureuil géant ou du mini-dinosaure, aurait eu le dessus dans une bagarre.

Juste au moment où son écureuil imaginaire semblait sur le point de remporter la victoire, en coinçant la tête du dinosaure sous sa patte avant et en serrant jusqu'à lui faire sortir les yeux de la tête, Billy entendit quelque chose. Comme un gémissement bizarre, lugubre. Certainement pas humain. Le garçon se redressa et regarda autour de lui.

Hormis un bonhomme qui promenait son chien dans un champ lointain, il n'y avait personne. C'était sans doute le mini-dinosaure qui avait gémi de douleur, se dit-il. Cela arrivait parfois : quand

une rêvasserie était vraiment réussie, elle se mélangeait un peu avec la réalité. Billy se rallongea dans l'herbe et retourna à sa bagarre. Il avait raté un épisode : voilà que le dinosaure avait mis la patte sur des orties, qu'il fourrait dans le pantalon de l'écureuil. (Pourquoi l'écureuil portait un pantalon, cela, en revanche, n'était pas très clair.) L'ambiance commençait à chauffer.

Encore ! Le même gémissement lugubre, plus suppliant cette fois. Billy releva la tête et plaça sa main en visière. Près du sommet du mont Tourneboule, il vit quelque chose glisser et dégringoler le long de la pente. Il se mit debout. On aurait dit un petit animal : un blaireau, ou un lièvre, ou peut-être… un écureuil géant ! Un écureuil géant pour lui tout seul ! Il allait le ramener chez lui, le cacher dans la cabane à outils du jardin, le nourrir de glands géants, lui mettre un petit pantalon, et…

À ce moment, la créature perdit complètement l'équilibre. Elle commença à rouler dans la pente, lentement d'abord, disparaissant dans de grosses touffes d'herbe, puis émergeant de nouveau, dégringolant toujours, prenant de la vitesse comme un train devenu fou, rebondissant sur les mottes de terre, traversant les fourrés, de plus en plus vite, et arrivant droit vers lui. Quelle que soit cette bête, Billy était bien décidé à l'attraper. Il se campa fermement sur ses pieds et écarta largement les bras, tel un gardien de but se préparant avant un penalty.

Boïïïng ! La créature heurta Billy dans le ventre avec tant de force qu'elle le renversa au sol. Il en eut la respiration coupée, mais, par miracle, avait quand même réussi à l'attraper. Il resta allongé un petit moment, tâchant de reprendre son souffle, l'animal non identifié vautré en travers de son estomac, lourd comme un sac de choux-fleurs.

Billy compta jusqu'à trente, puis, en évitant tout geste brusque, releva lentement la tête pour regarder.

C'était un chat. Du moins, cela ressemblait à

un chat, mais un chat comme il n'en avait jamais vu. Tout était au mauvais endroit. La tête était à la place d'une patte, la queue à la place de la tête, et les pattes un peu n'importe où. C'était un chat complètement en vrac.

Comme s'il avait dormi depuis le début, l'animal chat bâilla, ouvrit les yeux et dévisagea Billy sans se gêner.

– Tu veux ma photo ? dit-il alors.

Ses grands yeux verts n'étaient qu'à quelques centimètres de ceux du garçon.

Billy se figea. Il regardait fixement le chat tout en cherchant quelque chose à répondre. Que peut-on bien dire à un chat-en-vrac doué de parole ?

– Les chats ne parlent pas, finit-il par balbutier. Évidemment que les chats ne parlent pas. Pourtant, toi, tu parles.

– Ah bon ? fit le chat, l'air sincèrement étonné.

Billy se redressa sur son séant ; le chat-en-vrac glissa de sa poitrine sur ses genoux.

– J'ai faim, annonça l'animal.

Billy tâta sa poche.

– J'ai un sandwich au fromage qu'on peut partager. Mais il manque le fromage : je l'ai collé au plafond.

Il n'arrivait pas à croire qu'il était en train de parler de fromage avec un chat. Néanmoins, il sortit de sa poche les deux tranches de pain, en donna une à la créature et garda l'autre pour lui. Ils mangèrent ensemble, avec appétit, comme si c'était la chose la plus normale au monde.

– D'où viens-tu ? demanda Billy.

– Du haut de la colline, répondit le chat tout en léchant des miettes sur le pantalon du garçon.

– Non, je voulais dire avant ça.

L'animal réfléchit un instant.

– Aucune idée. Mais maintenant, je suis ici.

Billy l'observa à nouveau, plus attentivement cette fois. C'était un chat roux avec des petites chaussettes blanches à chaque patte, comme s'il avait marché dans une flaque de peinture. Sa queue était rayée comme celle d'un tigre et, pour tout dire, il était plutôt grassouillet. À part ses moustaches légèrement chiffonnées, il ne semblait pas avoir été blessé par sa chute. Mais ses pattes, sa tête et sa queue étaient clairement mélangées. Cela rappelait à Billy une poupée en plastique appelée Dobbie que sa sœur avait eue : à l'heure du bain, il s'amusait à arracher la tête et les membres de Dobbie, et il les remettait sur la mauvaise jointure. Il ne le faisait pas uniquement pour embêter Mindy : il trouvait simplement que la poupée était plus intéressante ainsi. Embêter Mindy n'était que la cerise sur le gâteau.

– Tu n'as rien d'autre à me donner à manger ? demanda le chat, pas très poliment. (D'ailleurs, il n'avait même pas encore dit merci pour le pain.)

– Non, malheureusement.

– Rien du tout ? Même pas un bonbon ?

Billy secoua la tête.

– Et une pastille contre la toux ? Tu dois bien avoir ça ?

– Mais je ne tousse pas. Et toi non plus.

Aussitôt, le chat émit un son râpeux tout à fait particulier.

– Krahhhh ! Krrrrrarrhh ! Arrrh krrrarrh !

Billy se mit à rire. Il avait déjà entendu des chats éternuer, mais jamais faire semblant de tousser.

– C'est pas drôle ! Je souffre vraiment d'une vilaine toux.

– Désolé, répondit Billy, qui souriait toujours.

– C'est sans doute le coryza des chats, et si je meurs ce sera ta faute. Une simple petite pastille contre la toux, c'est tout ce que je demandais.

Billy se souvint alors de l'os, celui qui appartenait à l'écureuil géant ou au mini-dinosaure.

– J'ai ça, dit-il en l'approchant du petit nez du chat.

Celui-ci le renifla, et plissa le nez de dégoût.

– C'est tout ?

Il était vraiment très malpoli.

– Si tu veux, viens chez moi, et tu pourras manger là-bas, lui proposa Billy.

– Tu parles d'une joie. Un festin de pain et de vieux os chez toi, répondit le chat avec ironie. Merci bien, tête-de-chien, je ne mange pas de ce pain-là. Je suis un chat qui ne s'abaisse pas, moi. Je m'en vais.

Sur ces mots, il voulut descendre des genoux du garçon. Ses pattes s'agitèrent en l'air et sa queue tournoya comme une pale d'hélicoptère, mais il fut incapable de se lever.

– Tu es complètement en vrac, lui expliqua Billy. Je ne pense pas que tu puisses marcher.

– Ne dis pas de bêtises. Bien sûr que si, je peux marcher.

Le chat redoubla d'efforts, mais ne parvint qu'à rouler par terre.

– Qu'est-ce qui m'arrive ? gémit-il en essayant

de se remettre sur ses pattes. Pourquoi est-ce que je ne peux pas me lever ?

Billy se rappela alors le miroir de poche fêlé qu'il avait trouvé ce matin-là. Il l'ouvrit et le tint devant les yeux de l'animal.

Bien. Tout le monde sait que les chats sont capables de sauter très haut, surtout quand ils ont peur, mais personne, pas même le plus grand expert en chats du monde (qui, soit dit en passant, s'appelle le professeur Funkleschnit, et sait tout sur les chats), n'aurait pu prévoir à quelle hauteur bondirait ce chat-en-vrac. À l'instant où il regarda dans

le miroir, ses pattes se détendirent dans toutes les directions. Deux d'entre elles poussèrent contre le sol, l'envoyant tournoyer en l'air, plus haut que Billy, à deux fois sa hauteur.

– MIIIIAAARRRRRGHHHH !

Il retomba dans l'herbe avec un choc sourd.

– Mais qu'est-ce qui m'arrive ? brailla-t-il pour la seconde fois.

Sa fourrure était toute hérissée, comme s'il avait mis la langue dans une prise électrique. Il pivota sur lui-même pour foudroyer Billy du regard.

– C'est ta faute, aussi. J'allais très bien jusqu'à ce que tu te pointes avec tes sandwichs vides et ton fromage inexistant. Eh bien, ne reste pas planté là, espèce de gros nul ! Fais quelque chose !

Le garçon enveloppa tant bien que mal dans son cardigan l'animal furieux, effrayé et fort grossier, le prit dans ses bras et s'en retourna vers chez lui.

3.

UNE PISCINE TOUTE NEUVE

Tous les matins, à 3 h 30, Christopher Chausson grimpait dans sa petite camionnette de laitier et partait travailler. Depuis son lit, Billy écoutait son père s'en aller. Il aimait entendre le véhicule électrique s'éloigner en bourdonnant sur la route et les bouteilles de lait vides tinter dans leurs caisses. En rentrant de sa tournée, M. Chausson se servait un grand verre de lait, s'asseyait dans le canapé et regardait des jeux télévisés jusqu'à 19 heures. Ensuite, il allait se coucher. Et c'était tout. Chaque jour la même chose. Il avait eu coutume, auparavant, de bricoler dans la cabane de jardin le samedi et le dimanche, mais depuis que Phillipa Chausson s'était plainte de « la poussière et la crasse » qu'il rapportait dans la maison, il passait tous ses week-ends à regarder la télévision sans dire un mot.

Il était presque 19 heures lorsque Billy arriva chez lui ce jour-là. Il avait mal aux bras ; le chat était lourd et encombrant, avec ses pattes qui dépassaient de tous les côtés. Et en plus, il avait posé des questions pendant tout le trajet : « On est bientôt arrivés ? » ou « Quand est-ce qu'on mange ? », et encore : « On est bientôt arrivés ? » Sans interruption. Billy contourna la maison et regarda par la fenêtre de derrière, juste à temps pour voir son père se lever du canapé, éteindre le téléviseur et sortir de la pièce. Le garçon compta jusqu'à vingt, refit le tour de la maison et ouvrit sans bruit la porte d'entrée.

Comme c'était un mardi, il savait que sa mère était absente. Elle s'était inscrite à un cours intitulé « Introduction à l'extermination des nuisibles », qui avait lieu tous les mardis soir à l'hôtel de ville. Chaque semaine, elle en revenait munie de nouveaux moyens efficaces pour éliminer les bêtes susceptibles d'infester leur maison. Par exemple, la troisième semaine, elle avait découvert que les punaises pouvaient vivre pendant des mois dans une barbe d'homme. Et depuis, tous les soirs, en rentrant chez elle, elle réveillait son mari, l'envoyait à la salle de bains et lui ordonnait de se raser sur-le-champ. Pas de discussion. Jusqu'au dernier quart de poil potentiellement contaminé. Lorsqu'il avait terminé, elle le renvoyait au lit et se mettait au travail. Elle balayait le sol, récurait l'évier et, pour plus de sûreté, versait une bouteille entière d'eau de Javel dans la bonde.

– Il ne manquerait plus que des punaises dans la tuyauterie ! Pouah ! Rien que d'y penser, j'en frémis.

Une soirée ordinaire chez les Chausson.

Le chat sous le bras, Billy longea – scouic,

scouic – le couloir de l'entrée. Au pied de l'escalier, il s'arrêta et tendit l'oreille. Il entendit Mindy babiller dans la chambre, ce qui indiquait sans doute qu'elle mettait ses poupées au lit. Elle répétait le même numéro tous les soirs : les gentilles poupées dormaient sur l'étagère au-dessus de son lit, mais si l'une d'elles n'avait pas été sage, gare à elle. Un bras ou une jambe de la vilaine faisait trois tours dans le taille-crayon, et elle passait la nuit à l'isolement dans la boîte à chaussures placée sous le lit, histoire de bien réfléchir à son comportement. Les poupées les plus récalcitrantes – par exemple, Lady Cunégonde Dusnob – n'avaient plus ni bras ni jambes, mais quatre moignons taillés en pointe à la place.

Dans la cuisine, Billy posa le chat sur une chaise et ouvrit le réfrigérateur. Le frigo des Chausson était sans doute le plus propre du monde. Tout y était rangé dans un ordre impeccable. Les bouteilles et bocaux étaient alignés comme à la parade, les yaourts empilés avec soin, et chaque légume emballé dans son sachet individuel. Dans une boîte Tupperware étiquetée, sur l'étagère du bas, Billy découvrit six pilons de poulet cuits. Il en donna un au chat et s'installa à ses côtés.

Pendant qu'ils mangeaient, le garçon réfléchit à la suite des opérations.

Impossible de cacher l'animal dans sa chambre ; Mindy le trouverait forcément et pousserait des hurlements à faire trembler les murs. Il y avait bien le grenier, mais si le chat s'agitait trop, sa mère supposerait qu'il y avait des rats et ferait traiter tout l'étage par fumigation.

– Encore du poulet ! réclama l'animal.

La cabane de jardin était aussi une possibilité, ou alors...

– C'est ça ! s'écria Billy. Mme Mandiddy !

– Mme Qui-diddy ?

– Mme Mandiddy ! C'est la voisine d'à côté. Tu pourras habiter chez elle quelques jours, le temps qu'on trouve quoi faire de toi.

– Mais je veux rester ici, moi ! riposta le chat, qui avait un reste de poulet collé au coin du museau. Est-ce qu'elle a du poulet, Mme Mandiddy ? Je veux du poulet.

Billy tenta d'imaginer comment réagirait sa mère si jamais elle tombait sur un chat dans sa maison.

Un chat en train de dévorer son poulet. L'idée était si grotesque et terrifiante qu'il hésitait entre le rire et les larmes.

– Allez, finis de manger, il faut qu'on parte. Ma mère ne va pas tarder à rentrer.

Au même instant, la porte s'ouvrit.

Phillipa Chausson était arrivée.

Rapide comme l'éclair, Billy s'empara d'un torchon et en couvrit le chat. Des pas approchaient, scouic, scouic, dans le couloir.

– Pas un mot, pas un bruit ! chuchota le garçon à l'animal.

Phillipa Chausson s'arrêta à la porte.

– À qui parles-tu ?

– À personne, répondit Billy d'un air innocent. Je me disais à moi-même que ce poulet était succulent.

– Eh bien, ne parle pas la bouche pleine. Et on ne t'a jamais appris à te servir d'une assiette ?

Elle en sortit une du placard et la posa devant lui sur la table.

– Voilà, lâcha-t-elle. Ce n'est quand même pas la mer à boire.

Incroyable mais vrai : Phillipa Chausson était de bonne humeur. Elle l'était toujours après son cours.

– Sais-tu ce que j'ai appris ce soir ? roucoula-t-elle avec enthousiasme. J'ai appris à tuer les papillons. Et sais-tu quel est le meilleur moyen de le faire ? enchaîna-t-elle sans attendre de réponse. On peut employer une tapette à mouches, mais cela laisse une trace horrible sur le mur. Donc, il est préférable de les happer avec un aspirateur, ou, si cela ne marche pas, essayer de les capturer dans un bocal, revisser le couvercle et les regarder suffoquer. C'est simple ! Et ça ne fait pas de saletés. Les coccinelles, en revanche…

Soudain, elle se tut. Elle lorgnait droit vers la bosse sous le torchon.

– Qu'est-ce… que c'est… que ÇA, Billy Chausson ?

Quand sa mère l'appelait par son nom complet, Billy savait qu'il avait des ennuis. Il baissa les yeux vers la chaise. Une des pattes du chat dépassait.

– Euh… ce n'est rien, un projet pour l'école, répondit-il en se levant. Aucune importance. J'allais l'emmener au jardin.

– Ne bouge pas d'un poil, cracha sa mère entre ses dents.

Sans détacher les yeux du torchon, elle tendit le bras vers un tiroir et en sortit une longue pince à spaghettis.

– Si c'est bien ce que je crois, tu es dans la panade, Billy Chausson. Tu connais la règle à propos des animaux dans ma maison.

Elle abaissa la pince au-dessus du torchon, qu'elle attrapa par un coin, puis, d'un geste sec du poignet, le retira prestement.

Avez-vous déjà eu l'impression que le temps s'arrêtait tout à coup ?

Personne ne faisait un geste. Le chat regardait fixement Phillipa Chausson. Phillipa Chausson, les yeux écarquillés, contemplait le chat, et Billy… eh bien, il ferma les yeux en attendant le hurlement inévitable. Il attendit. Et attendit. Attention…

– Aaaaahhhhhhh !

Voilà.

Phillipa Chausson fit un bond si haut qu'elle atterrit dans l'évier. Son derrière agité de soubresauts accrocha le robinet d'eau froide et l'ouvrit en grand.

– Qu'est-ce que c'est que ça ? Et qu'est-ce que ça fait chez moi ? mugit-elle.

Elle essayait de sortir de l'évier, mais elle était coincée. De l'eau glacée lui coulait dans le dos et se répandait sur le plan de travail. Le tumulte fit paniquer le chat, qui tomba de la chaise. Il se tortillait par terre, impuissant, en s'efforçant de se relever.

Mindy arriva en courant.

– Qu'est-ce qui s'est passé ? Pourquoi as-tu crié, maman ?

Puis elle vit le chat.

Attendez… attendez… attention…

– Aaaaahhhhhhh !

Voilà.

Mindy empoigna le balai rangé derrière la porte et tenta de s'en servir pour pousser l'animal.

– Sors d'ici, toi ! Allez pchhht, dehors !

– Non, Mindy ! Arrête ! lança Billy.

Depuis l'évier, Phillipa Chausson criait des encouragements à sa fille.

– Vas-y, Mindy, attrape-le ! Tape-lui dessus ! TUE-LE !!!

L'eau coulait en cascade sur les placards et formait des flaques sur la bâche qui couvrait le sol. Phillipa Chausson tentait frénétiquement de fermer le robinet en tordant les bras derrière elle, mais en vain : elle n'arrivait pas à l'atteindre. Sous ses yeux, sa cuisine se transformait en piscine géante.

Sur ces entrefaites, Christopher Chausson apparut à la porte, vêtu de son pyjama. On aurait pu s'attendre à ce qu'il dise quelque chose, n'importe quoi, en découvrant ce spectacle. Mais non, il resta muet et se frotta les paupières d'un air incrédule.

– Ne reste pas planté là, espèce de bon à rien ! Fais quelque chose ! brailla sa femme.

Pendant qu'il s'approchait de l'évier, Billy parvint

à attraper le balai et à l'arracher des mains de sa sœur. Celle-ci glissa dans une flaque et s'étala par terre la tête la première.

– Je suis trempée ! Oh, non, mes cheveux !

Rapide comme l'éclair, Billy s'empara du chat, et, pour la seconde fois de la journée, s'enfuit en courant de la maison.

4.

LA MANDIDDYTE

La première fois qu'il avait vu Mme Mandiddy, Billy était dans son jardin, en train de se demander quelles bouteilles pouvaient provoquer les plus beaux embouteillages (les bouteilles de sirop de fraise, sans doute), lorsque, soudain, il avait entendu :

– Pssst.

Il avait regardé autour de lui. Rien.

– Pssst.

Cette fois, à côté des rosiers, il avait aperçu une vieille dame qui le regardait par-dessus la clôture.

– Toi, viens ici, lui avait-elle ordonné.

Billy avait un peu peur. Il avait entendu parler de Mme Mandiddy, mais c'était sa première rencontre avec elle en chair et en os. La rumeur prétendait que c'était une sorcière qui ne sortait que la nuit pour faire bouillir des têtes de blaireaux. Ou une empoisonneuse évadée d'un asile de fous. Parfois, les enfants jouaient dans la rue à un jeu intitulé « Un, deux, trois, Mandiddy », qui ressemblait au jeu de chat, sauf que lorsqu'on était touché on attrapait la mandiddyte, une maladie terrible qui transformait vos bras et vos jambes en gelée tremblotante. Billy y avait déjà joué, lui aussi, mais c'était avant d'avoir vu Mme Mandiddy en vrai.

– J'ai quelque chose à te montrer, lui avait-elle dit.

Avec une lenteur infinie, Billy s'était approché des rosiers.

– Que dis-tu de ça ?

Tendant le bras par-dessus la clôture, elle lui avait offert une banane. Et avait aussitôt disparu avec un petit rire. La première pensée de Billy, influencé par les terribles rumeurs, avait été que la banane devait être empoisonnée. Avec suspicion, il l'avait retournée dans ses mains. Sur la face interne, les taches noires de la banane dessinaient par hasard une frimousse amusante, qui tirait une longue langue sinueuse remontant jusqu'en haut du fruit. C'était vraiment la banane la plus curieuse qu'il avait jamais vue.

À dater de ce jour-là, Billy et Mme Mandiddy avaient régulièrement échangé des présents par-dessus la clôture. Il lui avait offert un bâton qui ressemblait à un gros nez, et qu'il appelait « le bâton renifleur ». Elle lui avait donné un mouchoir qui avait appartenu à un bandit de grand chemin polonais. Il lui avait présenté un œuf vert moucheté trouvé dans les bois. Et ainsi de suite jusqu'au jour, deux semaines plus tard, où Billy avait pris son courage à deux mains pour aller frapper à sa porte. Ils étaient rapidement devenus les meilleurs amis du monde. Bien sûr, les autres enfants de la rue, surtout Mindy, pensaient qu'il était devenu fou et qu'il avait attrapé la mandiddyte. Mais Billy s'en fichait, car personne ne le rendait heureux comme Mme Mandiddy.

Et voilà qu'il se trouvait une fois de plus à sa porte, avec un chat-en-vrac trempé sous le bras.

– Entre, entre, dit-elle lorsqu'elle vint enfin lui ouvrir. Mon Dieu, qu'as-tu donc déniché cette fois-ci ? Apporte-moi ça au salon, on y voit plus clair.

Elle alla chercher du thé et des biscuits à la cuisine.

– On dirait bien que tu as des ennuis, ajouta-t-elle.

Ses mains tremblaient un peu (bon, il faut dire qu'elle avait plus de quatre-vingt-dix ans), si bien que, comme d'habitude, la majeure partie du thé se retrouva sur le plateau. Mais elle tenait toujours à le servir elle-même. Elle s'assit dans le canapé à côté du chat.

– Seigneur, quelle superbe créature !

Elle lui caressa le ventre, et pressa un peu chacune des pattes, l'une après l'autre, telle une infirmière palpant un patient pour s'assurer qu'il n'a rien de cassé.

– Et tu dis qu'il parle ?

– Parfois, répondit Billy. Il peut être assez malpoli, d'ailleurs.

Il n'existe pas beaucoup d'adultes dans le monde qui soient capables d'écouter si vous leur annoncez que votre chat sait parler. La plupart vous diront d'arrêter vos bêtises, que les chats qui parlent n'existent pas, et vous enverront au lit avec un médicament dégoûtant. Mais Mme Mandiddy n'était pas ce genre de personne. Elle descendit du canapé pour s'agenouiller par terre devant l'animal.

– Comment t'appelles-tu, petit chat mal embouché ? lui demanda-t-elle.

Depuis leur arrivée dans la maison, l'animal n'avait pas prononcé un mot. Il était sans doute encore sous le choc, après sa première rencontre avec la famille de Billy. Il observa Mme Mandiddy d'un air inquisiteur, puis, enfin, il prit la parole.

– Vos sourcils ressemblent à deux chenilles poilues.

Mme Mandiddy trouva sa remarque hilarante. Elle éclata de rire et tapa dans ses mains.

– Tu as raison ! C'est vrai qu'ils ressemblent à des chenilles. Et j'ai un nez énorme, gros comme une poire bien mûre. Mais tu ne m'as toujours pas dit ton nom.

– Je ne le connais pas, répondit le chat avec indifférence.

– Alors nous allons bien t'observer, et faire avec ce que nous remarquerons. Tu es un peu arrogant… euh, que dirais-tu de Charrogant ? Non, non, ça ne va pas. On dirait un nom d'empereur romain qui sent mauvais sous les bras. Ou alors Chat-viré ? Non, c'est nul. Cha-rivari ? Cha-cha-chat ? Aide-moi, Billy.

– Que diriez-vous de Chat-en-Vrac ? proposa le garçon.

– Excellente idée ! (La vieille dame se tourna vers la bête.) Ça te plaît, Chat-en-Vrac ?

Le chat leva les yeux au ciel, comme s'il était entouré par les plus grands idiots du monde.

– Comme vous voudrez, du moment qu'on me donne un biscuit.

Mme Mandiddy était visiblement ravie.

– Quel impertinent, ce chat ! Merveilleux ! Billy, un biscuit pour Chat-en-Vrac, s'il te plaît.

Six biscuits plus tard, le bien nommé Chat-en-Vrac dormait profondément. Mme Mandiddy convint qu'elle devrait le garder chez elle en attendant qu'ils aient un vrai plan d'action. Billy regrettait parfois de ne pas pouvoir dormir lui aussi chez sa voisine. Il adorait sa maison. Celle-ci ressemblait à un musée. Pas à un de ces musées barbants qui sont pleins de vitrines fermées à clé et de panneaux « ne pas toucher », mais à un musée rempli de merveilles avec lesquelles il avait le droit de jouer. Cette maison regorgeait de peintures, d'ornements et de tout un bric-à-brac exotique. Mme Mandiddy avait parcouru le vaste monde dans sa jeunesse, et elle avait rapporté des souvenirs de partout, comme la théière iranienne à huit becs verseurs ou la collection de guitares minuscules fabriquées pour un orchestre de puces mexicain. Elle avait un vieux piano allemand décoré de souris peintes qui dansaient en culotte de cuir, et une râpe à fromage en boyau de crocodile, dénichée en Australie. Elle avait aussi cinq sœurs qui vivaient aux quatre coins du monde, et qui lui envoyaient encore plus de bric-à-brac. La semaine précédente, celle qui habitait en Amérique du Sud lui avait envoyé un bocal de miel à poissons bolivien. À première vue, on aurait dit du miel ordinaire, mais en le tenant devant la lumière on voyait des dizaines de minuscules poissons argentés y nager paresseusement en rond.

– Apparemment, avait dit Mme Mandiddy en lisant la lettre d'accompagnement, ils vivent heureux dans le miel pendant cinquante ans, du moment qu'on les tient à l'écart du soleil direct.

Prudent, Billy avait posé le miel sur une étagère ombragée, à côté du bâton renifleur.

Mais, désormais, ils devaient compter avec Chat-en-Vrac. Billy et Mme Mandiddy, assis sur le canapé avec l'animal endormi entre eux, réfléchirent.

– On pourrait l'emmener chez le vétérinaire, suggéra Billy. Il doit bien exister une opération pour tout remettre en place.

Mme Mandiddy caressait le ventre doux de Chat-en-Vrac. (Ou son dos ? c'était difficile à dire.)

– Il nous faudrait beaucoup d'argent pour payer la note. Combien as-tu ?

– Des millions et des millions, répondit le garçon en souriant.

– Moi aussi ! s'esclaffa-t-elle. C'est moi, Mandiddy la Millionnaire !

– Je suis tellement riche que j'ai une brosse à dents en or massif.

– Et moi, tellement riche que je remplace mon sucre en poudre par des diamants !

Pour le prouver, elle versa une grosse cuillerée de sucre dans son thé.

Évidemment, ni lui ni elle n'avaient un sou vaillant. Pas un radis.

– Je pourrais peut-être vendre une partie de mes affaires, dit la vieille dame en contemplant son salon encombré.

– Et moi, laver des voitures, proposa Billy.

– Quelle bonne idée ! Il nous faudrait des seaux et des éponges. Vingt pence par voiture. Dix voitures par jour. Ce qui nous ferait deux livres par jour. Ah là là, ce n'est pas grand-chose. Trente pence par voiture, peut-être... Nous pourrions nous appeler « Chat-en-Vrac Auto Propre ». Je me demande ce que j'ai fait de mes bottes en caoutchouc...

– Et je pourrais aussi distribuer les journaux.

Subitement, Mme Mandiddy se redressa, toute droite, le regard fixé sur Billy. Ses yeux brillaient comme du sucre de diamants.

– Les journaux ! glapit-elle. C'est ça ! Le journal ! Où l'ai-je donc fourré ?

Elle bondit alors du canapé et fonça vers la cuisine aussi rapidement que ses jambes de quatre-vingt-dix ans voulurent bien la propulser. D'un placard sous l'évier, elle sortit un vieux journal qu'elle posa sur la table.

– Où était-ce ? Là-dedans, quelque part, j'en suis sûre. Pas cette page-ci, pas celle-là... Oh, mince, c'est forcément par ici... attends une minute... Voilà !

Elle désignait un coin de la page.

– Lis ça, Billy. Je n'ai pas mes lunettes sous la main.

Le garçon se mit à lire, perplexe.

– « Le garçon disparu retrouvé vivant dans un four à micro-ondes ».

– Non, pas ça, nigaud ! dit la vieille dame en riant. En dessous.

Tout en bas de la page figurait un petit encadré publicitaire, pas plus grand qu'une boîte d'allumettes.

VOUS POSSÉDEZ UN ANIMAL INSOLITE
OU DOUÉ D'UN TALENT PARTICULIER ?
VOUS AIMERIEZ GAGNER 10 000 £
ET UNE ÉCHARPE DE VAINQUEUR ?
ALORS AMENEZ VOTRE ANIMAL
À LA FOIRE MONDIALE
DES CRÉATURES CURIEUSES
ET DES ANIMAUX ÉTRANGES,
GRANDE SALLE DES FÊTES, CE DIMANCHE.
5 £ PAR ANIMAL.

CROCODILES S'ABSTENIR

(SAUF SI TOTALEMENT ÉDENTÉS).

Billy releva les yeux vers Mme Mandiddy.

– C'est dans cinq jours, dit-il avec ardeur.

– Exactement ! répondit la vieille dame avec un immense sourire dans lequel il manquait des dents.

– On a des chances de gagner.

– Exactement !

– Ce qui paierait la note du vétérinaire.

– Exactement !

– Ça me rend tellement heureux que je pourrais...

– Danser ?

Alors ils se mirent à valser et danser la gigue en riant dans toute la cuisine et le salon. Chat-en-Vrac ouvrit un œil paresseux pour les regarder faire la chenille autour du canapé.

– C’est le twist du Chat-en-Vrac ! lui lança Mme Mandiddy.

– Vous avez l’air complètement idiots, lâcha le chat – qui était toujours aussi malpoli.

5.

PUNI

Phillipa Chausson était en colère. Furieuse ! Tellement livide de rage que, lorsque Billy entra dans la cuisine plus tard ce soir-là (scouic, flic, floc), c'est à peine si elle parvint à articuler ce qu'elle avait à dire.

– Où est passée cette… cette créature ?

– Elle s'est enfuie.

Billy mentait, mais il ne voulait pas que sa mère apprenne que Chat-en-Vrac était hébergé chez Mme Mandiddy. Phillipa Chausson détestait la voisine. Elle l'appelait, entre autres noms d'oiseaux : « L'immonde vieille clocharde d'à côté ».

– Pardon d'avoir mis le bazar, ajouta Billy pour tenter d'arranger un peu les choses.

Peut-être aurait-il mieux fait de se taire.

– Le bazar ? Tu appelles ça du bazar ? s'égosilla sa mère en faisant de grands gestes.

Il y avait encore de l'eau par terre, des chaises retournées, et même un pilon de poulet entamé baignant dans une flaque sous la table. Mme Chausson était pieds nus au milieu de tout cela, ses jambes de pantalon roulées jusqu'aux genoux. Elle essora la serpillière dans un seau.

– Ce n'est pas du bazar, Billy Chausson, c'est… c'est… c'est une calamité. Tu as rapporté un animal hideux dans ma maison, inondé ma cuisine, et… et… tu es un idiot, un affreux, un égoïste. Pourquoi ne peux-tu pas ressembler un peu plus à ta sœur ? Ça me dépasse. Monte dans ta chambre. Tu es puni. Privé de sorties.

– Mais…

– Il n'y a pas de « mais ».

– Jusqu'à quand ?

– Jusqu'à ce que je le décide.

– Mais je dois aller quelque part dimanche, plaida Billy. C'est très important. S'il te plaît, s'il te plaît, je t'en supplie ! Je suis prêt à faire n'importe quoi. Je vais t'aider à tout nettoyer.

Il s'empara d'une autre serpillière et se mit à éponger l'eau avant de l'essorer à son tour dans le seau. Phillipa Chausson se mit à rire. Pas d'un vrai rire. Hormis la fois où l'animalerie du quartier avait brûlé, elle ne riait jamais réellement. Son rire ressemblait à ce qu'on entend dans les films quand la méchante reine folle décide de devenir maître du monde.

– Ah, tu me fais rire, Billy Chausson, s'esclaffa-t-elle, c'est vraiment très très drôle. Parce que si tu t'imagines une seconde que cela va faire la moindre différence, tu es encore plus idiot que je ne le croyais. Tu es consigné jusqu'à dimanche, et jusqu'au dimanche suivant, et celui d'après, et tous les dimanches que je peux compter sur mes doigts. Et maintenant, disparais !

Il n'y avait rien à faire. Phillipa Chausson ne revenait jamais sur ses décisions. Billy sortit de la cuisine (splitch, splotch) et monta dans sa chambre. Il aurait dû deviner que Mindy serait là à l'attendre. Elle adorait voir son frère dans la panade.

– Tu es puni-eu, tu es puni-eu ! chanta-t-elle joyeusement en le voyant entrer. C'est bien fait pour toi, t'avais qu'à pas me traiter de tête d'élan.

Billy ne l'écoutait même pas. Il venait de vivre la journée la plus extraordinaire de sa vie, et voilà que tout était gâché. Il n'avait vraiment pas envie d'entendre Mindy en rajouter. Sans même se déshabiller, il se mit au lit et remonta les couvertures jusqu'à ses oreilles.

– Et d'ailleurs, c'était quoi, ce truc ? s'enquit sa sœur. C'était dégoûtant.

– Il s'appelle Chat-en-Vrac, répondit Billy en se cachant la tête sous l'oreiller.

Sur ce, il se retourna et ferma les yeux.

6.

UNE BRÈVE HISTOIRE DES BAROMÈTRES

Pendant les quelques jours qui suivirent, la mère de Billy fit en sorte qu'il ait toujours du pain sur la planche. Le mercredi, il récura la salle de bains du sol au plafond en se servant uniquement de Coton-Tige, « parce qu'ils vont bien dans les coins », lui expliqua-t-elle.

– Et n'oublie pas l'intérieur des toilettes ! Je ferai mon inspection tout à l'heure. Tu peux y compter.

Il passa le jeudi à quatre pattes, à aspirer la moquette des chambres à l'aide d'une paille, et le vendredi, il dut tenir l'échelle pendant que sa mère couvrait de bâches en plastique les plafonds du rez-de-chaussée. Il commençait à désespérer. Il fallait absolument qu'il arrive à joindre Mme Mandiddy. Il avait bien songé à lui téléphoner, mais chaque fois qu'il approchait du téléphone sa mère se matérialisait à côté de lui, comme si elle savait qu'il mijotait un mauvais coup. (Comment font les mères pour sentir ce genre de choses ?) Et son plus grand problème était qu'il n'avait pas le droit de mettre un orteil hors de la maison, pas même un instant : sa mère y veillait.

Le samedi, Phillipa Chausson décida d'emmener Mindy faire du shopping. C'était la période des soldes d'été, et elle adorait faire de bonnes affaires. Christopher Chausson, bien sûr, devait les conduire en ville et porter les sacs. Avant le départ, la mère de Billy fit le tour de la maison pour vérifier plus d'une fois que toutes les fenêtres étaient fermées et verrouillées. Billy n'aurait aucun moyen de s'échapper pendant son absence. Puis elle débrancha le téléphone et le mit dans son sac.

– Et maintenant, au travail ! lança-t-elle à son fils tout en claquant la porte derrière elle.

Il était fait comme un rat. Prisonnier de sa propre maison. L'idée de sauter à travers une des vitres du rez-de-chaussée, façon cow-boy dans un western, lui traversa l'esprit, mais il avait déjà assez d'ennuis, sans compter que cela devait faire très mal.

Et donc, se pliant aux ordres, il prit un chiffon dans le placard et commença à épousseter la collection d'encyclopédies de sa mère, page après page. À la page 78 – une page fantastiquement ennuyeuse consacrée à l'histoire des baromètres –, on frappa à la porte. Billy n'alla pas ouvrir. Les seules personnes qui frappaient chez eux le samedi étaient des représentants en torchons et des marchands d'encyclopédies.

Il y eut un nouveau coup, plus impérieux.

– C'est moi ! fit une voix bien connue.

Cette fois, le garçon courut à la porte. Deux yeux brillants et souriants le regardaient à travers la fente du courrier.

– Madame Mandiddy !

– Que se passe-t-il ? Il y a des jours que je ne t'ai vu !

– Je suis puni. Je n'ai pas le droit de sortir de la maison. Je suis totalement enfermé. Comment va Chat-en-Vrac ?

– Il devient énorme à force de manger tous mes biscuits. Il n'a pas voulu toucher à la pâtée pour chats que je lui ai achetée. Il m'a dit qu'elle sentait le vomi de souris. Il est insolent, tu ne peux pas savoir ! Dis-moi, pourras-tu m'accompagner demain à la Foire mondiale des créatures curieuses ?

– Je ne pourrai pas sortir avant des semaines, répondit tristement Billy. Vous devrez y aller sans moi.

– Mais c'est impossible ! On a besoin de toi ! Veux-tu que je parle à ta mère ?

Billy tenta d'imaginer Mme Mandiddy et sa mère assises côte à côte sur le canapé plastifié, partageant un thé et des biscuits pour bavarder tranquillement.

C'était tout à fait impossible.

– Désolé, madame Mandiddy, tout est ma faute. Je n'aurais jamais dû ramener Chat-en-Vrac à la maison. Si j'étais allé droit chez vous, rien de tout cela ne serait arrivé.

– Ne dis pas de bêtises. Bon, écoute, j'irai au concours et je ferai tout pour qu'on gagne. Ensuite, dès que tu auras le droit de sortir, nous irons ensemble chez le vétérinaire. Tu ne vas rien rater, je te le promets. (Elle passa les doigts par la fente pour lui chatouiller le nez.) Ne t'en fais pas, Billy, tout ira bien, tu verras.

Et elle s'en retourna vers sa maison, à petits pas, aussi vite que ses jambes de quatre-vingt-dix ans voulaient bien la porter. Billy s'assit dans le couloir, dos à la porte. Il était terriblement, épouvantablement déçu, mais il ne pouvait rien changer. Il repartit vers la table de la cuisine, retourna à la page 78 de l'encyclopédie, et se replongea dans l'histoire des baromètres et de leurs secrets absolument pas palpitants.

L'expédition shopping avait été un fiasco.

Phillipa Chausson posa brutalement son sac à main sur la table.

– Quelle perte de temps ! (Elle se tourna vers son mari.) Je me demande pourquoi je te confie encore des choses à faire. Tu n'as pas plus de cervelle qu'une baratte à beurre. Tu n'es qu'une grosse moisissure. Non, ce n'est pas vrai. Une moisissure, au moins, fait quelque chose. Elle pousse. Toi, tu ne pousses même pas. Tu... rien.

L'auto était tombée en panne. Le temps que Christopher Chausson parvienne à la remettre en route, les boutiques étaient fermées. Ce n'était la faute de personne – quoi de plus courant qu'une panne de voiture ? –, mais Phillipa Chausson était d'un autre avis.

– Si tu t'y connaissais mieux en mécanique, comme un homme, un vrai, rien de tout cela ne serait arrivé.

– C'est vrai, papa, renchérit Mindy. À cause de toi, on a raté toutes les bonnes affaires, et je vais passer pour une nouille. Je ne peux quand même pas remettre les mêmes frusques toute ma vie ! Si ça continue, je vais avoir l'air d'une clocharde.

– Tu veux que ta fille ressemble à une clocharde et passe pour une nouille ? C'est ça que tu veux ? surenchérit Phillipa Chausson d'une voix stridente.

Christopher Chausson ouvrit la bouche, mais aucun mot n'en sortit. Pas un son.

Sa femme l'observait, les poings sur les hanches.

– Rien à dire ? Oh, voilà qui est étonnant !

– Oui, c'est étonnant ! la copia Mindy, les poings sur les hanches.

Billy aurait voulu que son père dise quelque chose pour se défendre, mais il n'en fit rien. Il se contenta de passer devant elles en traînant les pieds pour se rendre au salon et allumer la télévision.

– Irrécupérable, soupira Phillipa Chausson.

– Irrécupérable, la singea Mindy.

La mère se prit la tête entre les mains de manière très théâtrale.

– J'ai la migraine. Je vais me coucher.

Mindy la suivit en se tenant la tête à deux mains de la même manière.

Un jour comme un autre chez les Chausson.

Billy resta assis à la table de la cuisine, en écoutant le son de la télévision allumée au salon. Une émission sur des animaux qui exécutaient des tours amusants : des poules faisant des sauts périlleux, des chiens jouant au yoyo, ce genre de choses. Il était lui-même sur le point de monter, lorsqu'il avisa, sur la table, le sac de sa mère. Ce sac était ouvert. Et ses clés étaient posées sur le dessus.

Bon, à l'heure qu'il est, je pense que vous connaissez suffisamment Billy Chausson pour savoir que ce n'était pas un mauvais garçon. Malicieux, et parfois rêveur, oui, mais pas méchant. Jamais il n'aurait imaginé ouvrir le sac de sa mère pour y voler quelque chose. Mais là… le sac était déjà ouvert, et les clés se trouvaient juste sous son nez. Et s'il remuait un tout petit peu la table, comme ceci, il se pouvait même qu'elles tombent du sac. Ce qu'elles firent !

Il avait le choix : être un bon garçon, tout remettre en place et espérer que sa mère lui aurait pardonné d'ici le lendemain matin ; ou bien s'emparer des clés et se lancer dans une grande aventure. Il ne fut pas long à prendre sa décision.

7.

L'ÉVASION

Mindy parlait dans son sommeil, comme cela lui arrivait souvent. Cela ne dérangeait pas Billy d'être réveillé par sa voix : ce n'était pas ça, le problème. Le problème, c'était ce qu'elle disait : il en grinçait des dents, les doigts enfoncés dans les oreilles. Certaines nuits, elle ne marmonnait que quelques mots, se retournait et se rendormait. D'autres, comme celle-ci, elle déblatérait à n'en plus finir.

– Comme mes cheveux sont beaux ! Les tiens sont gras, alors que les miens sont brillants. J'aime les brosser. Et les peigner. Brosse-peigne-brosse-peigne. Oh là là youpi, mes cheveux sont si jolis !

Eh oui : elle parlait de ses cheveux. Sans interruption.

Billy regarda sa montre. L'heure était venue. Entre les rideaux, il voyait les premières lueurs de l'aube prendre leur service en remplacement de la nuit, le ciel noir adoptant une teinte violette pleine de promesses. Avec prudence, et sans le moindre tintement, il prit les clés de sa mère sous l'oreiller et les fourra dans la poche de son pantalon. Il s'était couché tout habillé : une chose de moins à faire ce matin.

Mindy, pendant ce temps, continuait sur sa lancée.

– J'aime mieux les tresses que les queues-de-cheval, pas toi ? Mon shampooing est d'une marque très chère. Le tien, c'est de la camelote. Tu es chauve !

D'un seul mouvement, il roula hors de son lit et glissa ses pieds dans ses chaussures. Puis il disposa des coussins sur son matelas et remonta les couvertures dessus. On aurait pu croire qu'il était encore couché, profondément endormi. Une idée de génie ! Jusque-là, tout allait bien.

Plus discret qu'une souris, il sortit de la chambre sur la pointe des pieds et descendit l'escalier en évitant soigneusement la troisième et la septième marche, qui grinçaient. Mais arrivé en bas, il s'arrêta net. Il n'avait pas pensé à la bâche en plastique qui couvrait toute la longueur du couloir jusqu'à la porte. Impossible de marcher dessus sans éveiller sa mère. Il s'assit sur la dernière marche pour réfléchir.

Il y avait deux possibilités :

1. S'élancer en l'air, attraper la suspension du plafond et se balancer comme Tarzan jusqu'au paillasson.

2. Découper un petit trou dans la bâche, se glisser dessous et ramper comme un ver, silencieusement, jusqu'à la porte.

Il opta pour la suspension. Il avait déjà vu Tarzan faire ça mille fois (quoique pas avec un plafonnier) : cela ne pouvait pas être bien difficile. Il inspira à fond, tendit les bras en direction de la lampe et ploya les genoux pour prendre son élan…

Laissez-moi vous dire, là, que s'il avait sauté, le résultat aurait été catastrophique. Il serait lourdement retombé au sol, en arrachant non seulement l'abat-jour mais la suspension entière, laissant un gros trou dans le plafond. Sa mère se serait réveillée, aurait trouvé son précieux couloir saccagé et son fils – nettement moins précieux – couvert de plâtre. Billy aurait été envoyé vivre à la cave pendant au moins cinq ans, nourri au pain sec et à l'eau, sauf le jour de Noël où il aurait reçu une assiette festive de chou bouilli.

Ce qui arriva à ce moment-là fut une surprise complète. Christopher Chausson, dans son pyjama, apparut en haut de l'escalier. Et là, encore plus étrange : il parla !

– Billy ! chuchota-t-il. Attends.

Et sur ces deux mots, il s'en alla.

Billy ignorait ce qui se passait. C'était déjà assez étrange d'entendre son père parler, mais pourquoi avait-il disparu ainsi ? Était-il allé réveiller Phillipa Chausson ? Il ne ferait tout de même pas une chose pareille ?

Alors le garçon entendit la chasse d'eau.

D'instinct, il comprit ce qui se passait. Son père faisait du bruit pour le laisser s'échapper. Une diversion ! Pendant que l'eau coulait encore dans les toilettes, il bondit sur la bâche et scouic-scouiqua en toute hâte jusqu'à la porte. Il sortit les clés de sa poche, ouvrit, et se glissa dehors. Alors que les toilettes poussaient leur dernier gargouillement, il referma derrière lui. Clic ! Il avait réussi.

En arrivant chez Mme Mandiddy, il jeta un regard par-dessus son épaule, s'attendant presque à voir sa mère le poursuivre avec une cuiller en bois. Mais rien ne bougeait. Rien, à part le rideau des toilettes qui retomba légèrement – mais cela, Billy ne le vit pas.

8.

UN SUCCÈS IMMÉDIAT

La Grande Salle des Fêtes était une construction impressionnante. Dans la ville, on l'appelait affectueusement « la Méduse » ; la vaste verrière en dôme, en effet, évoquait le corps transparent d'une méduse, et les colonnes en dessous dessinaient ses délicats tentacules. Billy était souvent passé devant en bus sans y prêter attention, mais ce matin-là, pour la première fois, il remarqua sa splendeur.

– Il paraît que c'est plus haut que la tour Eiffel et plus large que le fleuve Amazone ! s'exclama Mme Mandiddy, les yeux plissés face au soleil. (C'était grand, mais pas à ce point, quand même.)

On raconte que depuis le sommet du dôme, par beau temps, on peut voir le mont Everest. (En réalité, par beau temps, on pouvait éventuellement apercevoir le mont Tourneboule, mais c'était à peu près tout.)

Une gigantesque banderole était suspendue au-dessus de l'entrée :

BIENVENUE À LA FOIRE MONDIALE
DES CRÉATURES CURIEUSES
ET DES ANIMAUX ÉTRANGES.
VOUS N'ALLEZ PAS EN CROIRE VOS YEUX.

Chat-en-Vrac dormait profondément au fond d'une vieille valise bleue que Mme Mandiddy avait dénichée dans son grenier. Ils y avaient percé quelques trous d'aération et avaient garni l'intérieur de coussins. C'était parfaitement confortable, mais cela n'avait pas empêché le chat de rouspéter.

– Dans l'Égypte antique, on vénérait les chats,

on ne les collait pas dans une vieille valise déglinguée.

Mme Mandiddy lui avait expliqué que ce n'était pas possible de lui faire prendre le bus tel qu'il était. Les gens n'avaient pas l'habitude de voir des chats en vrac dans les transports en commun.

– Si je dois vraiment être enfermé là-dedans, j'exige un biscuit. Non, trois.

Billy lui avait donné ce qu'il demandait, puis avait rentré ses pattes qui dépassaient et refermé le couvercle.

Une foule importante était rassemblée devant la Grande Salle des Fêtes. Le garçon posa la valise et inspira à fond. Il commençait à avoir le trac.

– Si on gagne et qu'il reste de l'argent, on devrait aller voir votre sœur en Bolivie.

– Quelle idée formidable ! répondit Mme Mandiddy.

Billy leva les yeux vers sa vieille amie. L'appréhension lui nouait les boyaux.

– Vous pensez qu'on peut gagner ?

Elle lui décocha le large sourire dont elle avait le secret, et qui éclipsait toutes les rides de son visage. Dans ces moments-là, on ne lui donnait pas plus de soixante-quinze ans.

– Tu sais quoi, Billy ? C'est bien possible. (Elle lui pressa la main.) On entre ?

C'est ce qu'ils firent, Billy et Mme Mandiddy main dans la main, et leur drôle de chat endormi dans la valise parmi les coussins et les miettes de biscuits.

Chat-en-Vrac fit immédiatement sensation.

– Mais qu'est-ce que c'est que ça ? demanda l'adolescent boutonneux chargé de récolter les cinq livres de l'entrée. J'en ai vu, des choses bizarres aujourd'hui, mais ça, ça dépasse tout.

– Il s'appelle Chat-en-Vrac, répliqua Mme Mandiddy. Et ne parlez pas trop fort, vous allez le réveiller.

Elle tendit au jeune homme un sac de petites pièces, retrouvées entre les coussins de son canapé.

– Chat-en-Vrac ? Alors c'est un chat ? D'accord, si vous le dites. (Il passa l'index sur la liste qu'il avait devant lui.) Hummm, chats, chats… ah, voilà. Allée 3, chats. Une fois là-bas, cherchez une dame avec une veste jaune, elle vous dira quoi faire. Et vous devez remplir ce formulaire : nom et adresse, ce genre de choses.

Il regarda de nouveau Chat-en-Vrac avec perplexité.

– Vous êtes sûrs que c'est un chat ?

– Certain, affirma Billy, qui remplit le formulaire et le rendit au boutonneux.

Ils étaient dans la place.

Dans le hall principal, le bruit était assourdissant. Quel vacarme ! Des centaines de cris d'animaux différents résonnaient dans l'immense espace.

Il y avait des gloussements, des aboiements, des bêlements et des roucoulements, tous mélangés dans une vaste cacophonie. Et cela ne sentait pas très bon, non plus. Billy se boucha le nez pour regarder autour de lui. Au-dessus de sa tête, le soleil entrait à flots par la verrière en dôme. Il distingua les contours d'un avion traversant le ciel. Pendant un instant étrange, il eut l'impression d'avoir été avalé tout vivant par la Méduse et de flotter dans son ventre. Cela lui donna le tournis.

Les stands des divers animaux étaient disposés par ordre alphabétique, allée par allée. L'allée 1 allait des abeilles aux belettes ; l'allée 2, des blaireaux aux butors, et ainsi de suite jusqu'aux yaks et aux zèbres de l'allée 23.

– Nous y voilà, dit Mme Mandiddy.

Elle lut à voix haute le grand panneau.

– Allée 3 : cacatoès, caméléons, canards, canaris, carcajous, caribous, carpes, castors, chameaux, chats, chauves-souris, chenilles, coccinelles.

D
C

Ils se dirigèrent donc vers l'allée 3, passant devant un caribou qui mangeait dans une gamelle pleine de fourrage. Il avait non pas deux mais trois bois énormes sur la tête.

Billy le contempla un instant.

– Est-ce que les caribous ont trois bois, normalement ?

– Je ne crois pas. C'est un caribou atypique, répondit Mme Mandiddy.

L'animal tenta de lever la tête, mais le poids de ses bois l'en empêcha. Il replongea le museau dans la gamelle. Ce n'était pas très amusant d'être un caribou atypique.

Arrivé à la hauteur du stand des carpes, Billy écrasa son visage contre la vitre de l'aquarium et scruta les eaux boueuses. Une carpe finit par passer, sans se presser.

– Et elle, qu'est-ce qu'elle a d'extraordinaire ? C'est juste un vieux poisson comme les autres, non ?

– Regarde mieux, et cette fois, écoute, lui dit le propriétaire, un homme dont la tête ressemblait à un ballon de baudruche rose trop gonflé.

La carpe réapparut, et cette fois, elle éternua. Un « atchoum » mouillé et assourdi. Billy fit un bond en arrière.

– Les carpes n'éternuent pas ! dit-il à l'homme.

– Celle-là, si. Elle le fait tout le temps. Parfois six éternuements d'affilée.

Mme Mandiddy, pendant ce temps, regardait dans un autre aquarium.

– Et celle-ci, qu'est-ce qu'elle a de spécial ?

– Aaah ! fit le propriétaire en se rengorgeant de fierté. C'est ma star, celle-là. Racontez-lui une blague.

– Comment ça ?

– C'est simple, racontez-lui une blague.

Donc, Mme Mandiddy raconta au poisson une blague. Une blague même pas très drôle – une histoire d'ours qui a mangé trop de fromage –, mais quand la carpe passa derrière la vitre, des bulles d'air s'échappèrent de sa bouche souriante et on put entendre un petit gloussement.

– Et ça, ce n'est rien, expliqua l'homme. Si vous lui aviez raconté une blague un peu meilleure, elle se serait retournée pour rire à gorge déployée.

Mme Mandiddy joignit les mains de joie.

– Extraordinaire ! Une carpe qui rit ! Je me demande ce qu'on va voir ensuite.

Elle ne fut pas déçue. En parcourant l'allée 3, ils virent des canards contorsionnistes, des chenilles sautant par-dessus des barrières en allumettes et, peut-être le plus impressionnant : des coccinelles passant à tire-d'aile à travers des anneaux en feu.

Le stand des chats était le plus vaste. Il y avait des chats partout ; certains enfermés dans leur cage portative, d'autres visitant les lieux, d'autres encore assis sur des perchoirs, à côté de leur propriétaire. À première vue, Billy ne distingua pas ce qu'ils avaient d'inhabituel ; il y en avait bien un dont le pelage était légèrement rosé, et un autre avec d'énormes moustaches en bataille, mais aucun ne sortait vraiment de l'ordinaire.

Le garçon repéra une femme à l'air las, qui portait une veste jaune.

– Excusez-moi, nous sommes venus inscrire notre chat au concours.

Elle ne releva même pas les yeux de son porte-bloc.

– Vous arrivez trop tard.

– Trop tard ?

– Nous sommes complets. Trop de chats.

Cette fois, elle regarda Billy.

– Vous ne voyez pas ? Je n'en peux plus, de tous ces chats. Les gens croient qu'ils vont pouvoir simplement amener leur matou, lui enfiler un déguisement amusant et remporter le premier prix. C'est ridicule. Regardez !

Elle désigna un chat coiffé d'un bonnet tricoté, assis sur un perchoir. Billy dut reconnaître que c'était, en effet, ridicule.

– Ce concours est réservé aux animaux extraordinaires ou doués de quelque talent. Le seul talent qu'ont ceux-là, c'est de rester assis sur leur petit derrière pour dévorer de la pâtée hors de prix. Je me demande bien pourquoi on m'a affectée au stand des chats. On aurait pu me donner quelque chose d'enthousiasmant, comme les léopards ou les fourmiliers, mais non, qu'est-ce que j'ai récolté ? Les chats.

Sa tirade l'avait un peu essoufflée. Billy lui trouva une chaise.

– Merci.

Elle arracha une feuille de son bloc et la donna à Billy.

– Présentez ça au jeune homme de l'entrée et il vous remboursera.

– Mais...

– Il n'y a pas de mais. Je suis sûre que votre chat est un petit minou adorable, mais je vous dis que c'est complet.

Alors, avant que Billy ait eu le temps de prendre le papier, Mme Mandiddy posa la valise sur les genoux de la femme et souleva le couvercle. L'employée réprima un cri.

– Mais il... il est... fantastique !

Chat-en-Vrac plissa les paupières pour s'accoutumer à la vive lumière ambiante.

– Vraiment extraordinaire. Je peux le toucher ?

– Bien sûr, dit Billy en pivotant pour sourire à Mme Mandiddy. Il s'appelle Chat-en-Vrac.

– Chat-en-Vrac, roucoula la femme. Je suis sûre qu'on va pouvoir te trouver une petite place.

9.

LE COLONEL BEAUVRILLE

On n'oubliait jamais sa première rencontre avec le colonel Charles Beauvrille. Car voyez-vous, il était immense. Imaginez l'homme le plus grand et le plus gros de la Terre, et doublez ses dimensions. Triplez-les ! S'il avait vécu à l'époque des contes de fées, il aurait été le géant qui parcourt la contrée en renversant tout sur son passage et en embêtant tout le monde.

– Qui est-ce ? demanda Billy à la femme en veste jaune.

– Le colonel Beauvrille, répondit-elle, le souffle coupé par la joie de voir le grand homme.

Elle se leva de sa chaise et commença à balayer les poils de chat de sa jupe.

– C'est lui qui a fondé ce concours. Et qui paie la récompense. Il désigne le vainqueur et donne l'argent. Et l'écharpe. On raconte que c'est un des hommes les plus riches du pays.

– Il est gigantesque, commenta Mme Mandiddy.

C'était une évidence, mais que dire d'autre ?

Tous regardèrent avec de grands yeux le colonel Beauvrille qui remontait lentement l'allée 3.

C'était réellement un géant, avec une grosse barbe noire et des mains énormes. Il était vêtu de tweed des pieds à la tête : casquette en tweed, veste en tweed, knickers (c'est-à-dire une sorte de pantalon qui semble avoir rétréci au lavage car il arrive juste sous le genou) en tweed, chaussettes en tweed (qui devaient gratter !), et chaussures avec un motif imitation tweed cousu dans le cuir. Il s'arrêta un instant devant les caribous et chuchota quelque chose à son assistant, lequel portait un pull vert brunâtre, de cette couleur élégamment appelée caca d'oie. (Appelons-le M. Caca-d'Oie.) M. Caca-d'Oie griffonna quelque chose dans son calepin, et ils continuèrent à remonter l'allée 3.

Le temps qu'ils atteignent le stand des chats, le colonel Beauvrille suait à grosses gouttes. Il sortit de sa poche un mouchoir en tweed pour s'éponger le front.

– Et qu'avons-nous ici ? demanda-t-il en posant les yeux sur les chats rassemblés.

– Des chats, répondit M. Caca-d'Oie.

Comme vous le voyez, c'était un assistant fort utile.

– Des chats remarquables ? Que fait celui-ci, par exemple ? (Le colonel Beauvrille désigna le chat au bonnet.) Est-il à vous, madame ?

– Oui, dit sa propriétaire. Je l'ai tricoté moi-même.

– Vous avez tricoté le chat ? (Il éclata d'un rire étrangement haut perché, qui n'allait pas du tout à un homme de sa corpulence.) Mon Dieu ! C'est hilarant ! Bon, je crois que j'ai vu tout ce qu'il y avait à voir ici. Merci à tous d'être venus. Les finalistes seront annoncés sous peu. (Il se tourna vers M. Caca-d'Oie.) Lamentable, lui glissa-t-il à l'oreille. Absolument pitoyable. Comme toujours, avec les chats. Qu'est-ce qu'on a ensuite ?

M. Caca-d'Oie consulta son calepin.

– Les chauves-souris.

– Les chauves-souris. Nul doute qu'il y en aura une chevelue. Comme l'an dernier. Allons-y.

Et ce fut tout. Il tourna les talons et s'en alla.

Billy était furieux. Il se sentait trahi. Il n'avait quand même pas fait tout ce chemin pour ça !

– Excusez-moi, monsieur Beauvrille ! cria-t-il.

Le colonel s'arrêta, mais ne se retourna pas.

– *Colonel* Beauvrille.

– Pardon. Colonel Beauvrille. Je crois que vous n'avez pas vu mon chat.

L'homme tournait toujours le dos à Billy.

– Et qu'est-ce qui le rend si spécial, le vôtre ? Laissez-moi deviner, vous l'avez déguisé en bébé. Vous lui avez collé une tétine dans la bouche et enfilé une couche-culotte, c'est bien ça ? (Il pouffa à nouveau, mais cette fois il semblait en colère.) Je ne pense pas que vous ayez bien compris ce qu'est ce concours.

Billy désigna Chat-en-Vrac.

– Voilà mon chat.

Avec un reniflement impatient, le colonel pivota et regarda la vieille valise bleue. Et là, il s'immobilisa. Une unique goutte de sueur roula de son front et resta suspendue au bout de son nez. Pendant un instant, il parut au bord des larmes. Mais il ne dit pas un mot, ni à Billy ni à personne. Puis, comme si rien n'était arrivé, il tourna simplement les talons et se dirigea vers les chauves-souris, suivi par M. Caca-d'Oie qui trottinait derrière lui.

10.

MINDY ET SES YEUX EN RAISINS SECS

M. Caca-d'Oie monta sur scène et tapota le micro.

– Mesdames et messieurs, commença-t-il d'une voix puissante. Votre attention, s'il vous plaît. Après observation attentive et délibération, j'ai dans cette enveloppe les noms des finalistes sélectionnés par le colonel Charles Beauvrille.

Billy avait l'estomac serré. Après tout, le colonel n'avait jeté qu'un bref coup d'œil à Chat-en-Vrac. Il regarda Mme Mandiddy : elle se rongeait les ongles. Le chat, pendant ce temps, ronflait tranquillement dans la valise.

M. Caca-d'Oie déchira l'enveloppe.

– Les huit finalistes sont... le singe tricoteur ; l'escargot rapide ; le lapin qui rougit (apparemment, il rougissait quand on disait « pieds qui puent ») ; la luciole feu d'artifice ; le tout petit hippopotame (il n'était pas plus grand qu'une brosse à cheveux) ; le kangourou qui fait des sauts périlleux ; l'oie qui aboie, et le chat en vrac appelé Chat-en-Vrac. Que les finalistes viennent me rejoindre sur scène, je vous prie.

Fou de joie, Billy brandit le poing en l'air. Mme Mandiddy poussa un cri strident, et Chat-en-Vrac continua de dormir. La femme à la veste jaune était tout aussi heureuse. Elle attrapa Billy, le fit tournoyer en l'air et lui donna un gros baiser baveux sur la joue.

– Allez, va décrocher la victoire, lui dit-elle. Ce chat-là est vraiment à part.

– Je ferai de mon mieux, souffla Billy, écrasé entre ses bras.

Elle le reposa au sol et lui ébouriffa les cheveux. En temps normal, il aurait détesté, mais cette fois cela ne le dérangeait pas du tout.

Il referma la valise et monta sur la scène avec Mme Mandiddy et les sept autres finalistes.

Bon, je sais bien que nous nous intéressons à l'histoire de Billy, et que ce jour est son grand jour, mais il se passait chez lui des événements que je me dois de vous raconter, des événements qui allaient tout changer.

Cela avait commencé parce que Mindy s'ennuyait. Peu de choses sont aussi venimeuses, aussi explosives qu'une Mindy qui s'ennuie. Quand Mindy s'ennuyait, sa lèvre inférieure saillait et ses yeux rapetissaient, hargneux et plissés, comme si on lui avait collé deux raisins secs à la place. S'il y avait eu une blague familiale chez les Chausson, ç'aurait été : « Mindy et ses yeux en raisins secs ». Mais ce n'est même pas drôle, et de toute manière, les Chausson n'avaient pas de blagues familiales.

Bref, elle entra d'un pas furieux dans sa chambre.

– Je m'ennuie.

Elle jeta une chaussure sur la bosse en forme de Billy qui déformait toujours les couvertures.

– Je m'ennuie, répéta-t-elle plus fort.

Elle attendit une réaction. Comme rien ne venait, elle prit sous son lit la poupée qu'elle aimait le moins, une pauvre chose laide et chauve qu'elle appelait Pépette Kipu, et descendit à la cuisine en tapant des pieds. Elles firent la dînette, mais Pépette

Kipu oublia de dire merci, si bien qu'elle dut être punie. La pauvre poupée fut déshabillée et mise à la machine à laver, sur le programme « lavage à froid ». Pendant un petit moment, Mindy fut satisfaite de la voir tourner en rond dans le tambour, mais ce fut de courte durée.

Elle entra au salon, d'un pas toujours aussi furieux.

– Je m'ennuie.

Christopher Chausson, assis devant la télévision, regardait un jeu de questions sur les légumes. Mindy lui arracha la télécommande des mains et commença à zapper.

Zap.

– Barbant.

Zap.

– Barbant.

Zap.

– Barbant.

Zap.

Et là, juste au moment où elle allait rendre – ou plutôt jeter – la télécommande à son père, elle vit une chose qui écarquilla ses yeux en raisins secs.

– MAMAN ! hurla-t-elle. BILLY PASSE À LA TÉLÉ !

Eh oui, il était bien là, en direct, sur la scène de la Grande Salle des Fêtes avec Chat-en-Vrac.

Phillipa Chausson entra dans la pièce, un plumeau à la main, un masque de protection sur le nez.

– Regarde, maman. Billy passe à la télé. Je veux passer à la télé, moi aussi !

– Ne dis pas de bêtises, Mindy. Il ne peut pas être à la télé. Tu m'as dit qu'il était encore au lit.

– Oui, il est au lit. Enfin, je crois.

Christopher Chausson rougit, juste un peu, mais évidemment personne ne le remarqua.

Mindy tapa du pied sur la bâche en plastique.

– C'est pas juste ! C'est moi qui devrais passer à la télé. Je suis née trois minutes avant lui ! Je me lave les cheveux tous les jours ! Maman, fais-moi passer à la télé !

Mais Phillipa Chausson ne l'écoutait pas. Elle pointait un doigt furieux vers la télévision.

– Regarde. Il est avec cette chose, cette... cette créature répugnante qui a saccagé ma cuisine. Il m'a dit qu'elle s'était sauvée. Il m'a menti ! Et regarde ! L'immonde vieille clocharde d'à côté. Mais que se passe-t-il donc ?

Elle grondait contre la télévision comme un chien en colère.

– Vite, monte le son ! aboya Mindy à son père.

Christopher Chausson, pour une fois, prit la parole.

– Mais c'est toi qui as la télécommande...

– Chhhht ! J'écoute, le coupa Mindy en montant le son.

– Alors, Billy Chausson, quel effet cela fait-il d'être finaliste à la Foire mondiale des créatures curieuses et des animaux étranges ?

M. Caca-d'Oie lui fourrait le micro sous le nez,

tellement près que Billy en avait les poils des narines chatouillés. Derrière l'homme, un cadreur pointait sa caméra droit sur lui.

– C'est, euh… super. Je suis très heureux.

– Parle-nous un peu de ton chat.

– Il s'appelle Chat-en-Vrac, il aime les biscuits et les pilons de poulet et…

– Fascinant, l'interrompit M. Caca-d'Oie. Et quel numéro va-t-il nous faire cet après-midi ?

– Un numéro ? Comment ça ?

Billy n'avait pas encore entendu parler de numéro. M. Caca-d'Oie expliqua avec une légère impatience que tous les finalistes devaient donner un petit spectacle, faire la démonstration de leur talent.

– Tu as lu le règlement ? Non ?

– Non, murmura Billy.

Il entendit des ricanements moqueurs dans le public. Chez elle, Mindy faillit tomber du canapé tellement elle riait. Il n'y avait rien de plus drôle que de voir son frère jumeau en pleine humiliation. Et en direct à la télévision, en plus !

M. Caca-d'Oie claqua de la langue tel un professeur agacé.

– Que veux-tu, si tu ne lis pas le règlement...

Et il s'en alla interviewer le propriétaire du tout petit hippopotame.

– Qu'est-ce qu'on va faire ? demanda Billy à Mme Mandiddy.

Celle-ci ne semblait pas inquiète du tout. Elle avait même une étincelle malicieuse dans l'œil.

– Ne t'en fais pas, Billy.

Le garçon n'en commençait pas moins à paniquer.

– Mais il faut qu'on fasse quelque chose ! Qu'est-ce qu'on va faire ?

La vieille dame lui montra un piano, à l'autre bout de la scène.

– Tu verras, dit-elle avec un sourire.

Et elle ne voulut rien ajouter.

11.

LE NUMÉRO

Si le colonel Beauvrille aimait une chose, c'était réussir son entrée. Des joueurs de cornemuse, au nombre de quarante, arrivèrent en jouant sur la scène, assourdissant le public avec leurs instruments. Ils furent rejoints par quarante joueurs de tambour, suivis par un chœur d'enfants qui faisaient leur possible pour être entendus dans ce vacarme. Chacun des joueurs de cornemuse, des tambours et des enfants était vêtu de tweed de la tête aux pieds et portait une fausse barbe noire. On aurait dit cent colonels Beauvrille de tailles variées, paradant sur la scène. Au moment où le bruit atteignait son paroxysme, une trappe s'ouvrit au centre de la scène, et le géant en personne s'éleva lentement, assis sur un énorme trône. Il salua de la main le public amusé, à la façon de la reine d'Angleterre, et fit mine d'écraser une larme avec son mouchoir en tweed, comme s'il était submergé par l'émotion. Lorsqu'il fut enfin installé, il indiqua d'un signe de tête à M. Caca-d'Oie qu'il était prêt à assister aux prestations des concurrents.

– Notre premier numéro de l'après-midi sera exécuté par un animal doué d'un talent extraordinaire, un animal tellement unique…

– Ça suffit, venons-en au fait, le coupa le colonel. Mesdames et messieurs, je vous présente… le singe qui tricote !

Et quel tricoteur, en effet ! L'animal s'empara de deux aiguilles, et le voilà lancé. En une minute, il avait terminé une écharpe. Au bout de deux minutes, un bonnet, avec son pompon. Le public lançait des clameurs de ravissement.

La luciole ne fut pas moins impressionnante. Une fois les lumières éteintes, le minuscule insecte fit exploser de grands éclairs de couleur ; des fusées rouges, jaunes et vertes éclatèrent au-dessus des têtes. C'était vraiment quelque chose.

Suivirent le lapin qui rougissait, l'oie qui aboyait et le tout petit hippopotame, lequel sauta d'un petit plongeoir dans un verre de lait. L'escargot rapide, attaché à un minuscule skate-board, dévala une rampe à toute allure (c'était un peu de la triche, songea Billy), et le kangourou, soudain saisi par le trac, bondit derrière le rideau et ne voulut plus ressortir. Il ne restait plus que Chat-en-Vrac. Billy se tourna vers Mme Mandiddy.

– Qu'est-ce que je vais faire ?

– Rien. Rien du tout.

– Mais Chat-en-Vrac dort toujours. Faut-il que je le réveille ?

– Non, laisse-le dormir. (Avec douceur, elle

lui pressa l'épaule.) Tout va bien se passer, Billy. Regarde, c'est tout.

Et sur ces mots, Mme Mandiddy s'assit au piano, à l'autre bout de la scène.

Pendant que le silence se faisait dans le public, un projecteur éclaira le chat endormi. On n'entendait plus que ses petits ronflements.

Mme Mandiddy commença à jouer une vieille mélodie que Billy reconnut immédiatement, car elle la lui avait jouée des dizaines de fois, chez elle. Mais pourquoi maintenant ? Il tourna les yeux vers Chat-en-Vrac. Rien ne se passait. L'animal dormait toujours du sommeil du juste.

– Réveille-toi, Chat-en-Vrac ! souffla le garçon entre ses dents. Pitié, fais quelque chose !

À cet instant, les oreilles du chat frétillèrent. Puis, lentement, sa tête se souleva et oscilla en rythme, d'un côté à l'autre. Il avait toujours les yeux fermés. Il était comme en transe, hypnotisé par la musique.

Alors, de manière tout à fait inexplicable, Chat-en-Vrac se mit à chanter.

Le plus pur et le plus doux des sons sortit de sa petite bouche. Pas de mots, rien que des miaous mélodieux qui s'élevèrent dans la Grande Salle des Fêtes. Même Mindy, devant la télévision chez elle, cessa de geindre pour écouter dans un silence captivé. C'était extraordinaire. Sublime. Un frisson de plaisir parcourut l'échine de Billy. Il regarda le colonel Beauvrille : le géant était en pleurs.

Alors que Mme Mandiddy jouait les dernières notes, la tête de Chat-en-Vrac retomba doucement sur le piano comme s'il ne s'était rien passé, et il se remit à ronfler.

Le visage mouillé de larmes, le colonel Beauvrille se leva de son trône et tituba jusqu'à Billy.

– Voici le vainqueur ! proclama-t-il.

Il prit le bras du garçon et le leva en l'air.

– Le vainqueur est Chat-en-Vrac !

Le reste de l'après-midi se déroula dans un grand

brouillard de bonheur. Billy reçut en récompense une valise bourrée de billets de banque. Les appareils photo crépitaient et les journalistes le bombardaient de questions. Que comptait-il faire de cet argent ? D'où venait Chat-en-Vrac ? Mme Mandiddy était-elle sa grand-mère ? Son arrière-grand-mère ? Il salua le public de la main, et le public lui rendit son salut. Les joueurs de cornemuse barbus jouèrent de la cornemuse, et les enfants barbus chantèrent. C'était sensationnel. Le plus beau moment de sa vie.

Une chose étrange, cependant, arriva. Tout en passant l'écharpe du vainqueur sur l'épaule de Billy, le colonel Beauvrille se baissa et lui glissa à l'oreille :

– Combien pour le chat ?

– Oh, merci, mais il n'est pas à vendre, répondit le garçon.

Le colonel ne cessa pas de sourire, pas une seule

seconde. Mais, pas d'erreur : ses yeux de géant, l'espace d'un bref instant, étincelèrent de rage.

– Aucune importance, dit-il.

Il entoura de son bras les épaules de Billy et le serra un peu trop fort.

– Allez, souris pour les caméras.

12.

UNE IMBÉCILE À GROS NEZ

Si vous aimez les histoires normales qui finissent bien, refermez ce livre tout de suite. Oui oui, allez, au revoir ! Vous pouvez vous dire que Chat-en-Vrac alla chez le vétérinaire et fut opéré avec succès ; qu'avec l'argent qui restait Billy, Mme Mandiddy et le chat plus-vraiment-en-vrac partirent en vacances chez la sœur de la vieille dame en Bolivie ; et c'est tout. Un beau *happy end*.

Mais si vous voulez savoir ce qui s'est réellement passé, vous avez intérêt à poursuivre votre lecture.

Toujours là ? Parfait.

Billy avait l'impression de mesurer trois mètres

de haut. Il avait mal aux joues à force de sourire. De complets inconnus venaient le voir pour le féliciter et lui serrer la main avec ardeur. En sortant dans le soleil du soir, il prit conscience que tout, autour de lui, était changé : plus vif, plus coloré, plus beau. Même les arbres semblaient plus verts qu'avant. Il baissa les yeux vers son écharpe de vainqueur. Hormis une huche à pain d'occasion à la tombola de la kermesse de l'école, il n'avait jamais rien gagné de sa vie. Rien. Ce genre de choses n'arrivaient pas aux garçons dans son genre. La réalité commençait tout juste à le frapper… ils avaient GAGNÉ ! Une somme invraisemblable, ÉNORME ! Plus qu'assez pour faire opérer Chat-en-Vrac. Et il en resterait peut-être suffisamment pour des vacances en Bolivie chez la sœur de Mme Mandiddy. (Vous voyez ! Même Billy croit aux histoires normales qui finissent bien ! Quel naïf, ce Billy !)

– Comment avez-vous su que Chat-en-Vrac

chantait ? demanda-t-il à son amie lorsqu'ils remontèrent dans le bus pour rentrer.

– Un coup de chance, répondit Mme Mandiddy. Le premier soir, après ton départ, j'ai joué du piano. Et voilà qu'il s'est mis à chanter. J'ai d'abord cru que c'était la bouilloire qui sifflait, ou des renards hurlant à la lune dans le jardin, mais non, c'était bien lui, chantant dans son sommeil. La chose s'est reproduite le lendemain soir, et le surlendemain. Alors quand j'ai vu le piano à la salle des fêtes, j'ai su que tout irait comme sur des roulettes. (Elle tapota la valise, posée sur le siège entre eux deux.) C'est difficile de croire qu'une créature si mal embouchée et en vrac puisse chanter si bien. Je ne pense même pas qu'il en ait conscience.

– En tout cas, c'est grâce à vous que nous avons gagné. Merci, madame Mandiddy.

Elle eut un sourire las et lui pressa doucement la main. Pendant que le bus démarrait, Billy regarda la Grande Salle des Fêtes. Le soleil paresseux de cette fin de journée faisait miroiter le dôme de verre, autour duquel des dizaines d'hirondelles virevoltaient et plongeaient en piqué avant de se dégager à la dernière seconde.

– Laissez-moi sortir ! réclama une voix dans la valise.

Billy souleva le couvercle. Deux des pattes de Chat-en-Vrac se déplièrent et s'étirèrent vers le plafond du bus.

– Est-ce que j'ai gagné ? Même si je suis arrivé bon dernier, ce dont je doute, je ne mettrai plus jamais les pattes dans cette valise. Et plus jamais de voyages en bus non plus. C'est tellement humiliant !

Billy sourit à cette créature extraordinaire et acariâtre qui s'étirait sur les coussins.

– Tu as réussi, Chat-en-Vrac. Tu as gagné !

– Bien sûr que j'ai gagné. Vous avez vu les autres chats ? Quelle bande de mochetés ! Je parie qu'ils boivent dans la cuvette des toilettes. Bon, alors, où est ma moitié ?

– Quelle moitié ? s'enquit Mme Mandiddy.

– Ma moitié du prix, espèce de wombat ! J'ai de grands projets. Tout d'abord, je veux de la vraie nourriture, pas ce margouillis infâme que vous m'avez donné jusqu'à maintenant. Nous allons embaucher un chef cuisinier. Ensuite, vous allez redécorer la chambre d'amis. Je ne peux pas emménager là-dedans tant que vous ne vous serez pas débarrassée de cet ignoble papier peint. Il doit avoir plus de cent ans, comme vous.

Mme Mandiddy pouffa de rire et leva les mains en feignant d'être horrifiée.

– Je n'ai que quatre-vingt-quatorze ans, petit insolent !

Mais Chat-en-Vrac n'avait pas terminé.

– Et votre canapé n'est pas assez moelleux, il va falloir le remplacer. De plus, je veux être toiletté une fois par semaine par un professionnel. Vous ne m'approcherez pas avec une paire de ciseaux. Regardez-vous, tous les deux ! (Il agita une patte en direction de la tête de Billy.) Qui te coupe les cheveux ?

– Ma mère.

– Cette imbécile à gros nez. Tout s'explique ! Dis-lui que la mode de la coupe au bol s'est éteinte avec les derniers dinosaures.

– Je n'y manquerai pas, répondit joyeusement Billy.

C'était bon de constater que le succès n'avait pas changé Chat-en-Vrac.

13.

LA FÊTE

Quelque chose clochait. Billy posa la valise pour se frotter les paupières. C'était peut-être une sorte de mirage, une illusion d'optique créée par la lumière du soir.

Mme Mandiddy, elle aussi, plissa les yeux pour observer le bout de la rue.

– Ce n'est pas ta sœur, là-bas ?

Il n'y avait pas de mirage. C'était bien Mindy, debout devant leur maison, qui lui faisait de grands signes en souriant. Elle qui ne lui faisait jamais signe, et ne lui souriait en aucune circonstance. Elle essayait sans doute d'attirer l'attention de quelqu'un d'autre, se dit-il, et il regarda par-dessus son épaule. Mais il n'y avait personne. En se rapprochant, il constata qu'une banderole faite maison était déployée sur la façade. On pouvait y lire, en grandes lettres multicolores :

FÉLICITATIONS, BIL

Mindy courut à leur rencontre.

– On t'a vu à la télé. C'était gé-niaaaal ! Maman dit que tu peux garder le chat. Je lui ai préparé un lit dans la cabane de jardin. C'est ton écharpe de vainqueur, ça ? Je peux la toucher ?

Elle dansait autour de lui en tapant dans ses mains.

– Ça faisait drôle de te voir à la télé, mais tu as été fan-tas-tique. Et le chat : i-nouïïï ! Un chat qui chante ! Ha-llu-ci-nant ! Où est-il ?

Billy tapota la valise. Il en restait coi. De toute

sa vie, jamais il n'avait vu sa jumelle dans de si bonnes dispositions.

– Allez viens, maman t'attend. Et on t'a préparé une surprise, ajouta-t-elle en le tirant par la manche.

Billy reprit la valise.

– Vous venez, madame Mandiddy ?

La vieille dame secoua la tête.

– Il faut que je dorme, si je veux rester belle. (Elle l'embrassa sur le front.) Vas-y, toi. Amuse-toi bien.

Et elle partit à petits pas vers chez elle.

Mindy était si pressée de parler qu'elle y arrivait à peine.

– J'ai fait la banderole moi-même ! Mais j'ai manqué de place pour écrire ton prénom en entier. Ça ne t'embête pas, dis ?

– Bien sûr que non, c'est super, répondit Billy, cédant finalement à sa sœur qui persistait à le tirer par la manche.

– Ne regarde pas !

Elle lui mit les mains sur les yeux et le guida dans le couloir jusqu'à la cuisine.

– Prêt ? Trois, deux, un… Tadaaa !

Un instant, Billy se dit qu'il n'était pas dans la bonne maison ; que sa sœur l'avait entraîné dans un passage secret qui menait à un pays magique. Des ballons étaient accrochés aux murs, l'abat-jour était festonné de guirlandes multicolores reliées aux quatre coins de la pièce et, encore mieux, la table était couverte des friandises les plus délicieuses

qu'on puisse imaginer : de la *jelly*, des chips, des saucisses, des bonbons et, bien sûr, des biscuits. Et, dominant l'ensemble, trônait un gâteau gigantesque en forme de... Billy regarda de plus près... en forme de chat-en-vrac.

– C'est moi qui ai fait le glaçage orange, se vanta Mindy. Et la tête est en pâte d'amande.

Il n'y avait jamais eu la moindre fête dans cette maison. En temps normal, Phillipa Chausson exécrait les fêtes. Dans son esprit, le mot « fête » était synonyme de « saletés ». Les gâteaux faisaient des miettes, les boissons se renversaient et, horreur suprême : tous ces affreux gamins qui couraient partout avec leurs doigts poisseux et leurs cris stridents. Pouah ! Une fois, à l'approche de son cinquième anniversaire, Billy lui avait demandé s'il pouvait donner un goûter. Savez-vous ce qu'elle avait répondu ?

– Un goûter ? Écoute-moi bien et prends des

notes, Billy Chausson. Jamais il n'y aura le moindre goûter d'anniversaire dans cette maison.

À quatre ans, Billy n'était pas capable de prendre des notes, mais il avait parfaitement reçu le message quand même.

Et Phillipa Chausson avait tenu parole : pas la moindre fête d'anniversaire, de Pâques ou même de Noël chez elle. D'ailleurs, chez les Chausson, le jour de Noël ressemblait à tous les autres – mis à part le sapin en plastique dressé avec solennité dans un coin du salon, sans boules ni guirlandes. Dès le 26 décembre au matin, il était remis dans sa housse en plastique et rangé au grenier pour toute l'année.

Et pourtant, voilà : une fête ! Dans cette maison !

Phillipa Chausson entra dans la cuisine. Elle portait sa plus belle robe, celle qui était marron avec des galons marron sur les manches. Billy eut peine à la reconnaître, pas à cause de cette robe spectaculairement terne, mais parce qu'elle aussi arborait un grand sourire.

– Qu'en penses-tu ? demanda-t-elle en indiquant du geste les victuailles et les décorations.

– C'est merveilleux. Merci !

Même dans ses rêves les plus fous, jamais il n'aurait pu imaginer un moment pareil.

Sa mère prit un couteau dans un tiroir, ôta sa protection en plastique et le lui tendit.

– Qu'est-ce que tu attends ? Coupe donc ce gâteau !

14.

UNE JOURNÉE PARFAITE

Chat-en-Vrac n'était pas ravi de devoir dormir dans la cabane de jardin ; il s'était habitué au canapé de Mme Mandiddy, merci bien. Mais Mindy avait fait de gros efforts pour rendre l'endroit aussi confortable que possible, avec une multitude de couvertures et de coussins. Billy apporta deux écuelles : une pour l'eau, et l'autre remplie d'un assortiment de restes de biscuits de la fête, soigneusement sélectionnés.

– Pourquoi faut-il que je dorme dans la cabane ? râla Chat-en-Vrac tout en attaquant un biscuit fourré à la crème anglaise.

– Tu as déjà de la chance de pouvoir vivre ici. Rappelle-toi ce qui s'est passé la dernière fois que je t'ai amené chez moi.

Billy borda le chat dans ses couvertures (une tâche pas aussi facile qu'elle en avait l'air, avec ses pattes qui dépassaient dans toutes les directions).

– Demain, poursuivit-il, je te trouverai un vétérinaire et tu seras réparé en un rien de temps. Bonne nuit, Chat-en-Vrac, et merci.

– De quoi ?

– D'être mon ami.

Chat-en-Vrac toussa, crachant par terre des miettes de biscuit fourré à la crème anglaise.

– Tu vois ? Je te l'avais dit, que j'avais une mauvaise toux. Je suis sûr que c'est le coryza des chats. Et ferme la porte derrière toi – c'est plein de courants d'air, par ici. Tu parles d'un ami ! Si je meurs d'une pneumonie, je reviendrai te hanter pour le restant de tes jours.

Billy sourit et referma la porte. La nuit était

claire et tiède, et mille étoiles scintillaient dans le ciel. Là ! Oui ! Une étoile filante traversa la voûte céleste, étincelant projectile. Faire un vœu ne lui fut pas si facile, car en ce moment tout était parfait ; même à sa mère, il n'avait plus rien à reprocher.

En retournant vers la maison, il la vit par la fenêtre de la cuisine, occupée à faire la vaisselle. Il la regarda frotter une assiette, l'élever devant ses yeux pour l'inspecter de près, puis la replonger dans l'évier pour la récurer vigoureusement. Pas une fois elle n'avait mentionné les clés volées ni son départ en douce à l'aube. À vrai dire, elle paraissait sincèrement heureuse pour lui. « … Et quand Chat-en-Vrac s'est mis à chanter, oh ! je me suis mise à pleurer », avait-elle dit. Et aussi : « Quand le colonel a annoncé que Billy Chausson était le vainqueur, mon Billy, j'ai cru éclater de joie, n'est-ce pas, Mindy ? »

D'après ses dires, elle s'était mise à confectionner le gâteau dans l'instant. Mindy avait gonflé les ballons, et Christopher Chausson avait été envoyé chercher le reste dans les magasins.

– Mon grand garçon mérite bien une fête, avait-elle dit à Billy en lui ébouriffant les cheveux. (Bien sûr, elle s'était lavé les mains aussitôt après.)

Il leva une fois de plus la tête vers les étoiles et formula son vœu. Si celui-ci se réalisait, alors il serait le garçon le plus heureux de la Terre.

Bien, Billy Chausson, se dit-il ensuite à lui-même. *Une part de gâteau en plus avant d'aller dormir ne peut pas te faire de mal.*

Et il rentra retrouver sa famille.

Couché dans son lit, il massait son ventre plein. Il avait tellement mangé qu'il menaçait d'exploser et de recouvrir sa chambre de confettis de gâteau. Avec un petit gémissement, il roula sur le côté et tendit la main sous son lit. Tâtonnant parmi son bric-à-brock, il trouva la valise pleine de billets de la récompense. *Juste pour vérifier*, se dit-il. De son côté de la chambre, Mindy dormait à poings fermés, et cette nuit-là, cerise sur le gâteau, elle ne parlait pas dans son sommeil. La journée avait été parfaite ; la victoire au concours, la fête surprise pour couronner le tout, et *en plus*, le droit de garder Chat-en-Vrac. Enfin, un animal de compagnie rien que pour lui. Un animal en surpoids, râleur et mal embouché, mais qui était le sien.

15.

EH OUI, C'ÉTAIT UNE RUSE !

C'est un moment curieux, ces quelques instants qui s'écoulent juste avant qu'on soit bien réveillé. Des vestiges de rêves informes se mêlent aux premiers bruits de la journée, jusqu'à ce que, tel un plongeur évoluant dans un océan de sommeil, on remonte lentement à la surface. Billy percevait des murmures, des portes ouvertes et refermées. Il n'aurait su dire au juste s'il était éveillé ou s'il rêvait encore. Il entendait sa mère parler avec quelqu'un dehors. Mindy, peut-être ? Non, pas Mindy. Le ton n'était pas assez geignard. Qui donc, alors ? Une chose était sûre : il connaissait cette voix. Et là, il comprit…

– Le colonel Beauvrille ! s'écria-t-il, surpris par le volume de sa propre voix.

Il s'assit dans son lit et tendit l'oreille. Voilà, de nouveau, ce curieux rire haut perché qu'il avait entendu pour la première fois la veille. Puis une voiture démarra – un feulement de moteur. (Ce n'était certainement pas l'auto des Chausson, qui toussait et hoquetait comme un bébé trop nourri.) Billy bondit de son lit et regarda par la fenêtre juste à temps pour voir le géant s'installer dans une Rolls-Royce noire. Phillipa Chausson, debout à côté de la portière, exécutait une suite d'étranges courbettes. Puis, élégant comme un cygne, le superbe véhicule fit une marche arrière et s'engagea lentement dans la rue.

Comme c'était étonnant. Billy chassa le sommeil de ses yeux et tâcha de réfléchir. Qu'était venu faire cet homme ? Comment le colonel connaissait-il même son adresse ? Il se rappela alors avoir rempli un formulaire en arrivant à la foire. C'était sans doute ça. Peut-être le colonel était-il venu le féliciter en personne, loin des caméras. Mais dans ce cas, pourquoi sa mère n'était-elle pas venue le réveiller ? Plus il y pensait, plus il sentait que quelque chose clochait. Il ressentait un malaise au creux de son ventre, et ce n'était pas à cause du gâteau.

Il s'habilla et descendit. La cuisine était immaculée. Les ballons et les guirlandes avaient disparu, il n'y avait pas le moindre reste sur la table. On aurait pu croire que la fête n'avait jamais eu lieu. Dans le salon, il vit Mindy pirouetter autour du canapé en chantant une de ses chansons inventées.

– Comme c'est bon d'être jolie comme moi, tralala lala !

– Mindy, pourquoi le colonel Beauvrille était-il ici tout à l'heure ?

Elle continua de chanter sans l'écouter.

– J'ai des cheveux de sirène et je sens bon comme l'océan, tralala lala…

À ce moment-là, il s'aperçut qu'elle portait l'écharpe en soie. Son écharpe de vainqueur ! Qu'il avait rangée dans la valise, sous son lit, avec l'argent du premier prix. Tout cela était de très mauvais augure.

– Où as-tu trouvé ça ?

Il entendit que sa voix tremblait.

– Quoi, ça ? répliqua Mindy, adorable comme tout.

– Mon écharpe. Où l'as-tu trouvée ?

– C'est maman qui me l'a donnée. Elle m'a dit que je pouvais la garder. Tu me trouves jolie avec ?

Sans répondre, il monta l'escalier quatre à quatre pour rejoindre la chambre et regarder sous son lit.

Tout était parti. La valise, l'argent, tout. Il réfléchit en vitesse, tâchant d'envisager chacune des possibilités. Sa mère l'avait peut-être rangée à l'abri des voleurs. Ou peut-être Mindy l'avait-elle cachée pour lui faire une blague. Oui, c'était sûrement ça. Cela lui ressemblait bien.

Il franchit la corde à sauter et, du côté de la chambre qui appartenait à sa sœur, scruta les étagères à la recherche d'une cachette.

Il n'entendit pas Mindy entrer dans la pièce.

– Qu'est-ce que tu fais de mon côté ?

– Où est-elle, Mindy ? Où as-tu caché la valise, et l'argent ?

– Ce n'est pas moi qui l'ai, fit-elle d'un air innocent.

Billy s'empara d'une poupée sur l'étagère, une poupée parlante appelée Harmony Monica Harmonica. Il savait que c'était une des préférées de Mindy.

– Dis-le-moi, ou je te jure que je...

Mais Mindy ne semblait pas se soucier de ce qu'il pourrait faire à sa poupée. Parfaitement calme, elle s'assit devant sa coiffeuse et commença à se brosser les cheveux.

– Tu sais, la fête, hier... c'était une ruse. (Elle l'observait dans le miroir.) Eh oui, une ruse ! Pour qu'on puisse mettre la main sur cet horrible chat puant.

– Qu'est-ce que tu racontes ?

Les mains de Billy se resserrèrent sur la poupée.

– Après ton passage à la télé, le colonel a téléphoné. Il voulait acheter ton chat immonde. Maman savait que tu ne voudrais pas le vendre, donc il fallait qu'on te tende un piège.

Elle posa sa brosse et se tourna face à son frère.

– Et toi qui croyais que tu pourrais le garder ! C'était trop drôle !

Et elle n'avait pas encore terminé.

– Maman t'a aussi pris ton argent. Elle est entrée dans la chambre hier soir pendant que tu dormais. Je l'ai vue. Elle m'a dit qu'il nous fallait une voiture neuve, ce que je trouve super, parce que la nôtre, c'est trop la honte.

La chambre se mit à tourner autour de Billy. Il

en lâcha Harmony Monica Harmonica. « Je t'aime, maman, fais-moi un câlin », récita la poupée d'une voix monocorde en tombant sur la moquette.

Billy bondit hors de la pièce, dévala l'escalier et se précipita dans le jardin. Il avait besoin de prendre l'air, pour s'éclaircir les idées. C'est alors qu'il vit Phillipa Chausson sortir à reculons de la cabane de jardin, un balai tendu à bout de bras devant elle. Au bout du balai pendait une des couvertures dont il avait drapé Chat-en-Vrac la veille au soir. Le nez en l'air, comme si elle portait le fardeau le plus répugnant du monde, elle traversa le jardin d'un pas décidé et laissa tomber la couverture dans un grand feu, où plusieurs coussins se consumaient déjà. Elle activa le feu du bout de son balai pour s'assurer que rien n'échappait aux flammes. Une épaisse fumée noire s'élevait autour d'elle. On aurait dit une sorcière en train de jeter un sort horrifique.

C'était donc vrai. Chat-en-Vrac n'était plus là. Billy ne savait pas quoi faire. Il se sentait paralysé, cloué

au sol, mais dans le même temps il avait envie de s'enfuir, loin, au-delà du mont Tourneboule, jusqu'à la mer, où il s'embarquerait sur un navire. Oui, c'était ça, il se ferait pirate, sillonnerait les océans et chercherait des trésors, et il n'aurait plus jamais besoin de revoir cette famille.

À ce moment-là, sa mère le vit, et savez-vous ce qu'elle fit ? Elle éclata de rire.

– Oh, Billy ! Regarde-moi cette tête de dix pieds de long ! Je regrette de ne pas avoir un appareil photo sur moi. C'est hilarant !

Et il deviendrait le pirate le plus redouté du monde, et il aurait un perroquet qui crèverait les yeux de ses ennemis à coups de bec.

Phillipa Chausson posa le balai et s'approcha de lui.

– Tu viens de rater le colonel. Un homme délicieux ! Charmant. Tout à fait charmant.

Et on l'appellerait Capitaine Sans-Barbe, et son navire s'appellerait *La Vengeance du chat en vrac*.

– Et généreux, avec ça ! Il m'a donné une belle somme pour ton chat. J'aurais accepté la moitié en échange de ce répugnant sac à puces.

Elle s'arrêta juste devant lui et se pencha sur son visage.

– Mais la bonne nouvelle, c'est que ta punition est levée.

Elle trouvait cela désopilant, et partit du même rire que les méchantes reines dans les dessins animés.

Billy se jura alors que ni lui-même ni son équipage de pirates sanguinaires ne connaîtraient le repos tant que Chat-en-Vrac n'aurait pas été sauvé.

16.

LES CHÂTEAUX D'ANGLETERRE

Son équipage de pirates sanguinaires était dans la cuisine, en train de préparer le thé.

– Il faut qu'on le retrouve, et tout de suite ! affirma Mme Mandiddy tout en versant de l'eau frémissante dans la théière à huit becs verseurs.

D'accord, on pouvait difficilement qualifier Mme Mandiddy de sanguinaire, et elle ressemblait assez peu à un pirate (elle avait bien dû, une fois, porter un cache-œil à cause d'une mauvaise conjonctivite, mais c'était à peu près tout). Cela dit, elle était quand même le meilleur équipage que Billy puisse souhaiter. Elle ouvrit un paquet de biscuits tout neuf, les disposa sur le plateau avec le thé et porta le tout dans le salon. Comme d'habitude, la plus grande partie du thé fut répandue sur le plateau.

– Merci, dit Billy en prenant sa demi-tasse.

– Ce qu'il nous faut, c'est un plan.

– Un plan, approuva le garçon.

Ils restèrent assis à réfléchir.

– Des idées ? demanda Mme Mandiddy.

– Pas encore.

– Un biscuit ? suggéra-t-elle en lui passant l'assiette.

Ils restèrent encore assis, à réfléchir en grignotant.

Billy n'était pas très fort pour la réflexion. Le problème était qu'il confondait un peu « réfléchir » et « rêvasser ». Chaque fois qu'il essayait de penser à un sujet sérieux, cela donnait un résultat étrange. Par exemple, son plan jusque-là pour sauver Chat-en-Vrac mettait en jeu un tapis volant et une corde à nœuds. Le tapis volant les emmènerait jusqu'au château du colonel Beauvrille (car dans son esprit, le colonel ne pouvait vivre que dans un château), puis ils descendraient le long de la corde à nœuds, récupéreraient Chat-en-Vrac, remonteraient, et s'enfuiraient par les airs. Fastoche.

Billy tourna les yeux vers Mme Mandiddy. Soit elle s'était endormie, soit elle manigançait un plan génial les yeux fermés. Il laissa sa propre tête retomber contre le dossier du canapé. Le soleil de l'après-midi entrait à flots par la fenêtre. Des milliers de petites poussières flottaient paresseusement dans la pièce, voletaient de-ci de-là. L'une d'elles passa devant le bâton renifleur et remonta vers l'étagère du haut. Arrivée au sommet, elle se posa sur une clochette en verre décorée de fleurettes rouges. C'était un très joli objet, que Billy n'avait jamais remarqué auparavant. Les rayons du soleil qui traversaient la clochette projetaient des ombres rouges et vertes sur un gros livre. Billy inclina la tête sur le côté et lut le titre inscrit sur le dos du livre. *Les Châteaux d'Angleterre*.

Son cœur bondit dans sa poitrine. Si le colonel Beauvrille vivait réellement dans un château, il le trouverait peut-être dans cet ouvrage. Les chances étaient minces, mais de toute manière c'était le seul espoir. Il grimpa donc sur une chaise et tendit le bras vers l'étagère du haut.

Le livre était gros, lourd, et très très poussiéreux. Billy souffla dessus, envoyant encore des millions de poussières tournoyer en l'air. La couverture représentait un superbe château fièrement campé au sommet d'une colline. Il avait des mâchicoulis, des créneaux, un pont-levis et une herse impressionnante (Billy avait appris tous ces termes très récemment à l'école). Il articula les mots à voix haute – mâchicoulis, créneaux, pont-levis,

herse –, des mots si anciens et si singuliers qu'ils semblaient appartenir à une autre langue. En silence, pour ne pas réveiller Mme Mandiddy, il ouvrit le livre par terre et entama ses recherches.

Ses yeux commençaient à se fatiguer et à le piquer. Jamais il n'aurait imaginé qu'il y avait tant de châteaux en Angleterre. Des grands, des petits, des en ruine, des moches, des châteaux de conte de fées ; mais rien à propos du colonel Beauvrille. Pas un mot. Ce n'était pas étonnant. Pourquoi aurait-il été question de lui ? Après tout, la seule raison pour laquelle Billy étudiait ce livre était sa manie absurde de rêvasser. Tout en tournant les pages, il n'était pas loin de se sentir complètement idiot. Un tapis volant ! Ridicule ! Il aurait plutôt dû faire quelque chose d'utile pour retrouver Chat-en-Vrac. Une corde à nœuds ! Quelle perte de temps ! Il se fit le serment qu'à dater de cet instant il ne rêvasserait plus jamais. Jamais ! Au grand jamais.

Il remonta sur la chaise avec le livre. Ce n'était pas facile de remettre *Les Châteaux d'Angleterre* en place. Les autres ouvrages, bien contents d'avoir un peu d'espace, s'étaient étalés tels de gros bonshommes dégrafant leur ceinture après un gueuleton. Billy se haussa sur la pointe des pieds et poussa du bout des doigts… il y était presque… encore un peu… mais non. Le livre lui échappa et tomba vers le sol, ses pages claquant en l'air.

Il se produit parfois des choses qui n'ont aucune explication. D'aucuns appellent cela de la magie. D'autres, généralement des adultes, se tuent à vous expliquer que la magie n'existe pas et que tout s'explique du moment qu'on regarde les faits bien en face. Voici les faits. À vous de décider.

1. *Les Châteaux d'Angleterre* atterrit avec un choc sourd sur le tapis de Mme Mandiddy.

2. Il tomba ouvert à la page 226.

3. Sur la page 226 figurait la photo d'un château appelé Mortejoie.

« Qu'est-ce qu'il y a de magique là-dedans ? disent les adultes. C'est un livre sur les châteaux. C'est normal qu'il y en ait un à chaque page. »

Les adultes peuvent singulièrement manquer de patience.

Car avant même d'être descendu de la chaise, Billy avait remarqué quelque chose d'inhabituel sur la photo du château de Mortejoie. Pas le monstrueux donjon gris qui flanquait l'entrée ; ni les nuages noirs suspendus de manière menaçante au-dessus de l'édifice comme s'ils s'apprêtaient à l'avaler tout entier. Non, il y avait autre chose. Billy se mit à genoux pour mieux voir. Sur le pont qui enjambait les douves, on voyait un homme ; un homme immense, avec une grosse barbe noire. Qui ressemblait étrangement au colonel Beauvrille, jeune. Billy eut un frisson d'excitation. Cela ne pouvait quand même pas être lui, si ? Un certain nombre de créatures plus petites entouraient cet homme. Un chien, fièrement assis aux pieds de son maître, un cygne aux ailes déployées, et aussi un... Billy se frotta les yeux, cela ne pouvait pas être... si, un kangourou ! Un kangourou ? Vivant dans un château anglais ? Tout cela était trop étrange.

Alors Billy lut la légende sous la photo.

Le colonel Charles Beauvrille, taxidermiste distingué, devant son château de Mortejoie avec quelques-unes de ses plus belles réalisations.

Billy poussa un petit cri de joie. C'était bien lui ! Il l'avait trouvé, et cela grâce à ses rêves éveillés et à un peu de magie. « De magie ! se récrient les adultes. Bien sûr que non, ce n'était pas de la magie ! C'est simplement par hasard que le livre s'est ouvert à la page 226, voilà tout ! »

Certains adultes n'apprennent jamais, pas vrai ?

– Que se passe-t-il ? demanda Mme Mandiddy d'une voix ensommeillée en rouvrant les yeux.

Billy vint s'asseoir à côté d'elle sur le canapé avec le livre.

– Regardez ce que j'ai trouvé !

– Tu fais la même tête qu'un chat qui vient d'avaler le canari ! Raconte-moi tout depuis le début.

Alors Billy lui parla de ses rêvasseries, de la poussière, de la clochette en verre décorée de fleurettes rouges. Et il lui raconta ce qui était arrivé quand il avait lâché le livre.

– Et il était ouvert à cette page ?

– Exactement celle-là.

– C'est de la magie, dit la vieille dame. J'adore quand la magie survient ainsi.

Certains adultes n'oublient jamais.

Elle prit le livre sur ses genoux.

– En effet, on dirait bien le colonel Beauvrille.

– Mais oui, c'est lui ! C'est écrit ici. (Billy lui

montra la légende.) Et au fait, qu'est-ce que c'est, un taxidermiste ?

Dans l'instant, Mme Mandiddy blêmit.

– Qu'est-ce qu'il y a ? s'enquit le garçon.

Il ne l'avait jamais vue si inquiète.

– Chat-en-Vrac est en danger, murmura Mme Mandiddy. Il faut qu'on se rende au château de Mortejoie. Tout de suite.

17.

UN PLAN GÉNIAL

– Comporte-toi normalement, comme si tu n'avais pas un souci au monde.

Ce conseil de Mme Mandiddy résonnait encore dans la tête de Billy lorsqu'il ouvrit la porte de chez lui et enfila le couloir (scouic, scouic). Il entendit sa mère et sa sœur parler dans la cuisine.

– C'est toi, Billy ?

Il entra d'un pas nonchalant, comme s'il ne s'était rien passé, comme si Chat-en-Vrac n'avait jamais existé. Mindy était assise à la table, en train de brosser les cheveux de Harmony Monica

Harmonica. Et Phillipa Chausson, debout derrière elle, lui brossait les cheveux.

– Je parie que tu viens de chez l'immonde vieille clocharde d'à côté, lâcha Phillipa Chausson.

Elle posa sa brosse et fit une queue-de-cheval à Mindy. On aurait dit une petite fontaine de cheveux.

– T'es infecté. T'as attrapé la mandiddyte, c'est sûr ! ajouta Mindy avec un sourire narquois.

Et elle portait toujours en bandoulière l'écharpe du vainqueur.

Billy garda un calme impérial. Il désigna l'écharpe.

– Elle te va bien, Mindy. Tu peux la garder.

– De toute manière, elle est à moi, maman l'a dit, pas vrai, maman ?

Phillipa Chausson acquiesça de la tête.

– Un garçon avec une écharpe en soie ? Tout le monde se moquerait de toi. Je ne veux que ton bien, Billy.

– Tu as raison, merci, répondit-il aimablement.

À l'intérieur, son sang bouillonnait, mais il se devait de rester calme, surtout s'il voulait réussir sa mission.

La mission de Billy :

mettre la main sur les clés de voiture

Il déclencha la première phase du plan. Le plan génial qu'il avait élaboré avec Mme Mandiddy.

Plan génial de Billy et Mme Mandiddy

Phase 1 : avoir l'air de s'ennuyer

Ce qu'il fit. Il eut l'air de s'ennuyer. Il s'assit par terre à côté du réfrigérateur et songea à tout ce qu'il y a de plus barbant au monde : les sets de table, les brocolis, les baromètres, ce genre de choses. Il alla jusqu'à soupirer bruyamment pour montrer toute l'étendue de son ennui.

Ce fut ce soupir qui attrapa Mindy.

– Mamaaaan ! Billy m'embête. Il m'empêche de me concentrer sur la coiffure de Harmony Monica Harmonica.

– Mais je ne fais rien, objecta Billy en bâillant.

Elle abattit violemment sa poupée sur la table. « Je t'aime, maman », couina la poupée.

– Voilà, maintenant Harmony est triste. C'est pas juste, geignit Mindy.

Phillipa Chausson commençait à perdre patience. Sans le faire exprès, elle tira trop fort sur la queue-de-cheval de sa fille.

– Aïïïe ! Mamaaaan !

C'en était trop. Phillipa Chausson était exaspérée.

– Mais qu'est-ce qu'il y a, Billy Chausson ? Tu n'as pas mieux à faire qu'embêter ta sœur ?

Le plan marchait comme sur des roulettes. Billy resta assis sans répondre.

– Dis quelque chose, enfin ! Parfois, tu es exactement comme ton père. Irrécupérable. Si tu t'ennuies tant, pourquoi n'irais-tu pas ranger ta chambre ? C'est une vraie porcherie.

Mindy en rajouta.

– Et ça sent mauvais. Pourquoi est-ce que je dois partager une chambre avec lui ? Quand est-ce que j'aurai ma chambre à moi, maman ? Billy peut dormir à la cave.

Phillipa Chausson hocha la tête.

– Tu sais quoi, Mindy ? Ce n'est pas une mauvaise idée.

L'heure était venue. Avant que l'idée « Billy devrait dormir à la cave » aille trop loin, il déclencha la phase 2 du plan génial.

Plan génial de Billy et Mme Mandiddy
Phase 2 : proposer de laver la voiture

– Je pourrais laver la voiture, dit-il avec nonchalance. Si on veut la vendre, il faut qu'elle soit impeccable.

Sa mère allait-elle tomber dans le panneau ? Faites qu'elle tombe dans le panneau !

– Tiens, il faut croire que ce garçon a un cerveau, tout compte fait !

Phillipa Chausson fouilla dans son sac à main, en sortit la clé de la voiture et la jeta à Billy.

– Et fais aussi l'intérieur !

– Elle sera comme neuve, promit le garçon en prenant la clé.

Elle était tombée dans le panneau, elle y avait même sauté à pieds joints !

– Et n'imagine pas que cela va te rapporter de l'argent de poche ! lui cria-t-elle pendant qu'il sortait. Ça ne pousse pas sur les arbres !

Comme il avait le dos tourné, elle ne pouvait pas voir le grand sourire de son fils. C'est formidablement agréable de voir un plan se dérouler comme prévu. Presque aussi agréable qu'une glace au caramel par une belle journée d'été. Presque.

18.

TARATATA

Au château de Mortejoie, Chat-en-Vrac s'adaptait très bien à sa nouvelle vie. En ce qui le concernait, l'époque des biscuits cassés et des cabanes pleines de courants d'air était derrière lui. Et bon débarras ! Fini les boîtes de pâtée qui sentaient le vomi de souris. Fini les voyages en autobus, tassé dans une vieille valise déglinguée. Dorénavant, son existence ne serait plus que repas fins, voitures de luxe et châteaux grandioses. Enfin, on le traitait avec le respect qu'il méritait ; après tout, il avait remporté le concours de la Foire mondiale des créatures curieuses et des animaux étranges. Il était un chat à pedigree. Unique. Un champion.

L'idée de demander au colonel Beauvrille pourquoi il l'avait emmené à Mortejoie lui avait bien traversé l'esprit, mais, très franchement, il se fichait de la réponse, du moment que ces assiettes succulentes continuaient d'affluer.

– Redonnez-moi de ce machin rose, exigea-t-il.

La patience du colonel Beauvrille était mise à rude épreuve.

– Il n'y a plus de saumon, répondit-il entre ses dents. Tu l'as terminé à midi.

– Je ne parle pas du saumon. Je sais ce que c'est que du saumon, je ne suis pas complètement idiot. Je veux l'autre machin rose, celui que vous m'avez donné tout à l'heure. Le truc mou. Comment ça s'appelle, déjà ? Du ramanana ? Du taratata ?

– Du tarama. Ça s'appelle du tarama. C'est une spécialité grecque à base de...

– Oui bon, bref. Apportez-m'en des seaux.

J'adore ça ! Et un bol de lait, pendant que vous y êtes. Avec une paille.

Le colonel n'avait pas l'habitude qu'on lui parle ainsi. C'était lui qui faisait le règlement. C'était lui qui disait aux autres quoi faire. Et pourtant il était là, obéissant au doigt et à l'œil à un chat malpoli (et en vrac).

Il posa le lait et le tarama sur la table.

– Vous avez oublié la paille, lui fit remarquer le chat sur un ton glacial.

Le colonel Beauvrille sentit son corps entier se crisper. Il avait dans la tête un battement lancinant, très particulier, comme si des singes en colère lui giflaient la cervelle avec un poisson mort. Ils avaient passé moins d'une journée ensemble, et Chat-en-Vrac le mettait déjà au bord de la crise de nerfs.

Mais la journée n'avait pas commencé ainsi. Le matin même, les choses étaient encore très différentes…

Phillipa Chausson avait plissé le nez.

– La créature est là-dedans, avait-elle dit en indiquant la cabane de jardin. Et je vous en prie, appelez-moi Phillipa.

– Merci, Phillipa, avait obligeamment répondu le colonel Beauvrille.

Il avait sorti de sa poche une grosse liasse de billets et la lui avait donnée.

– Est-ce que ça suffira ? C'est un bon prix pour ce chat, vous croyez ?

Phillipa Chausson avait failli en tomber dans les pommes. Il y avait là autant que la récompense qu'elle avait volée sous le lit de son fils, sinon plus.

– Oh oui, merci, colonel Beauvrille.

– Appelez-moi Charles.

Il lui avait fait un baisemain.

Phillipa Chausson en avait frémi. Personne ne lui avait jamais fait de baisemain. Personne n'avait osé ! Bien sûr, elle se laverait la main dès qu'il lui serait possible de le faire sans être impolie. Il avait beau être colonel et très riche, une barbe est une barbe, et les punaises peuvent se cacher partout.

Le colonel Beauvrille s'était éloigné de Phillipa Chausson qui lui faisait la révérence, et avait traversé le jardin pour rejoindre la cabane. Il en avait la barbe toute hérissée de joie (ou alors, c'étaient les punaises qui faisaient leur gymnastique matinale) ; c'était le moment qu'il avait attendu. Il avait pris sa respiration et ouvert la porte.

Il n'y a rien de meilleur que de mettre la main pour la première fois sur quelque chose de nouveau, de le tenir, d'en être le propriétaire, tout en se disant : c'est à moi, à Moi, à MOUA ! Qu'il s'agisse d'un vélo neuf ou d'un sachet de chips pas encore ouvert, une substance chimique inonde votre cerveau pour y répandre une sensation de bonheur intense. Et il n'en allait pas autrement pour le colonel Beauvrille. Il s'accroupit et ramassa le chat endormi en le berçant dans ses bras de géant. C'était comme s'il portait un nouveau-né ; un nouveau-né très félin et très velu… et rien qu'à lui.

Mais ça, c'était ce matin. Des heures plus tôt. Avant que Chat-en-Vrac se soit réveillé. À présent, les choses étaient bien différentes…

– Encore du steak ! ordonna le chat. Et veillez à le cuire correctement, cette fois-ci. Le dernier était tellement brûlé que j'ai failli appeler les pompiers.

Après quoi, il plongea la tête dans le tarama, si

loin qu'on ne voyait plus que le bout de ses oreilles dépasser, comme deux petits périscopes pointus.

Le colonel Beauvrille n'avait plus qu'une envie : étrangler cette boule de poils insolente, gloutonne, exigeante, mal élevée et obèse. Il vit avec dégoût Chat-en-Vrac relever la tête pour respirer, le visage et les moustaches encroûtés de tarama rose, et postillonner : « Abcholument chucculent ! » avant de replonger la tête la première. En général, il aimait passer un jour ou deux avec ses nouveaux sujets, pour faire un peu connaissance avec eux avant de commencer son œuvre, mais cette fois, avec cette créature, il en avait déjà assez.

– Nous allons descendre, maintenant, annonça-t-il soudain.

Et il se leva, projetant son ombre formidable sur le chat glouton.

– Qu'est-ce qu'il y a, en bas ?

– Oh, ça va te plaire. Tu vas te faire des petits camarades.

– Bon, du moment que je ne dois pas partager les toilettes. Je suis spécial, moi.

Le colonel ferma les yeux et inspira à fond.

– Comment pourrais-je l'oublier ? Tu n'es pas ordinaire, c'est certain.

De ses énormes doigts en saucisses, il saisit Chat-en-Vrac par la peau du cou et le tint à bout de bras, en veillant à ne pas mettre de tarama sur son costume en tweed.

– Mais je n'ai pas fini de manger, rouspéta le chat qui pendouillait.

– Pauvre petit minou, répondit le colonel en commençant à descendre.

19.

C'EST COMME LA BICYCLETTE

Il y avait trente ans que Mme Mandiddy n'avait pas conduit.

– Ça sert à quoi, ça ? demanda-t-elle en tirant sur un levier.

Avec un raclement à vous vriller les oreilles, la voiture fit un bond sur elle-même.

– Hi, hi, c'est amusant comme tout ! Ah, attends, ça me revient !

Elle appuya sur l'accélérateur.

VROUMMM. L'auto fit beaucoup de bruit, mais ne bougea pas d'un centimètre.

– Est-ce qu'il ne faut pas retirer le frein à

main ? suggéra Billy en bouclant sa ceinture de sécurité.

– Que je suis bête !

Le garçon commençait à être inquiet. Ils se trouvaient encore dans l'allée, devant la maison. Phillipa Chausson allait forcément entendre quelque chose.

– Vous m'aviez dit que vous saviez conduire.

– C'est comme la bicyclette, mon cher petit. Une fois qu'on a appris, cela ne s'oublie jamais.

Et soudain ils furent en route, avançant dans les rues tel un escargot sautillant. Billy jeta un regard en arrière, s'attendant à voir sa mère le poursuivre en brandissant une brosse à cheveux.

– Est-ce du vol si la propriétaire vous donne la clé ? s'enquit-il.

– Ce n'est qu'un emprunt. Elle récupérera sa précieuse voiture dès que nous aurons retrouvé Chat-en-Vrac.

– Je sais, mais…

– Allez, cesse de t'en faire et trouve une carte. Je ne sais absolument pas où nous allons.

Billy, obéissant, ouvrit la boîte à gants. Il en sortit une carte si vieille et si usée qu'on aurait pu croire qu'elle avait fait le voyage sur la Lune. L'auto fit une nouvelle embardée.

– Pardon ! Je me suis trompée de pédale !

Lorsque Billy déplia la carte, quelque chose tomba sur ses genoux. C'était une photographie en noir et blanc d'un jeune homme et d'un chien dans un champ enneigé. L'homme portait un bonnet de laine et souriait à l'objectif. Le chien avait une boule de neige dans la gueule et lui bondissait dessus. Billy mit un moment à se rendre compte que cet homme était son père... pas parce qu'on le voyait là tout jeune, mais parce qu'il souriait. Le garçon n'avait jamais vu son père sourire. Sur cette photo, pourtant, il était hilare, heureux comme tout.

À cet instant, quelque chose de très étrange se

produisit. Tout en glissant la photo dans sa poche, Billy regarda par la fenêtre et, dans cette fraction de seconde, il vit son père, debout à côté de sa camionnette de laitier, qui le regardait droit dans les yeux.

– Vous avez vu ça ? glapit-il tandis que la voiture prenait un virage dans un grand crissement de pneus.

– Vu quoi ? Oh, sapristi ! C'était un policier, pas vrai ?

– Non. Je crois que j'ai vu mon...

Billy s'interrompit. Cela s'était passé si vite qu'il avait peut-être tout imaginé. Ce n'aurait pas été la première fois que son imagination lui jouait des tours. Mais cela lui avait paru si réel, jusqu'à l'expression de surprise intense sur le visage de son père...

Le temps qu'ils sortent de la ville, Mme Mandiddy avait déjà brûlé deux feux rouges, évité de

justesse un arbre mal garé et pilé à un passage piéton pour laisser un pigeon traverser la rue. Il commençait à se faire tard. De longues ombres noires s'étiraient sur les petites routes de campagne et, à en croire la carte, le château de Mortejoie était encore assez loin. Il ferait presque nuit lorsqu'ils arriveraient.

– On pourrait simplement frapper à la porte, proposa Billy. Je dirai au colonel qu'il y a eu une terrible méprise et que Chat-en-Vrac n'était pas à vendre.

– Je ne pense pas que ce soit une bonne idée.

– Mais pourquoi ? Je suis sûr qu'il comprendrait.

– Billy, je ne crois pas que le colonel Beauvrille veuille garder Chat-en-Vrac comme animal de compagnie.

– Mais pourquoi en voudrait-il, alors ?

Mme Mandiddy inspira un grand coup.

– Tu te rappelles, quand tu m'as demandé ce que c'était qu'un taxidermiste ?

Billy acquiesça. Il sentait que la suite n'allait pas lui plaire.

– Un taxidermiste, c'est quelqu'un qui empaille des animaux. Le colonel Beauvrille est un empailleur. Les animaux que tu as vus dans le livre n'étaient pas en vie, ils étaient empaillés.

Billy se remémora la photo du jeune colonel Beauvrille entouré par un chien, un cygne aux ailes déployées et un kangourou. Ils paraissaient si vrais ! Bon, ils l'étaient… sauf qu'ils n'étaient pas très vivants.

– Vous croyez vraiment que le colonel compte empailler Chat-en-Vrac ? demanda-t-il au bout d'un petit moment.

– Oui, mon cher petit, je le crois.

– Mais comment peut-il faire si le chat n'est pas mort ?

En posant la question, Billy comprit la réponse. Le colonel Beauvrille ne s'intéressait pas du tout aux créatures vivantes. Billy s'efforça d'imaginer son petit compagnon bourré de vieux journaux ou de crasse de nombril, ou allez savoir ce que les taxidermistes utilisent. Il ne pouvait pas laisser faire ça. Il fallait qu'ils arrivent dès que possible au château.

– Cette voiture ne peut pas aller plus vite ?

– Je ne crois pas, mais je vais essayer.

La vieille dame écrasa l'accélérateur avec son pied droit. L'auto bondit, gémit, et prit un peu de vitesse.

Mme Mandiddy, grisée, poussa un petit cri de joie.

– Waouh ! Pas mal, pour un vieux débris !

Billy ne savait pas trop si elle parlait de la voiture ou d'elle-même. Quoi qu'il en soit, cette fois ils étaient lancés. Il s'accrocha à son siège et serra les dents.

– Tiens bon, Chat-en-Vrac, on arrive ! souffla-t-il entre ses dents.

20.

IRRÉCUPÉRABLE

La conviction de Phillipa Chausson était faite : tout était la faute de Christopher Chausson.

– Ce garçon est un délinquant. Si tu étais un père digne de ce nom, rien de tout cela ne serait arrivé, dit-elle en traînant un sac d'affaires dans l'escalier.

– Rien ne serait arrivé, renchérit Mindy depuis le palier.

Christopher Chausson rentrait tout juste de sa tournée. Dans le couloir de l'entrée, il retira ses chaussures.

– Il a volé la voiture ! insista sa femme. Je parie

qu'il s'en est allé chercher ce chat hideux que j'ai vendu au colonel Beauvrille. (Elle lui jeta un regard noir.) Tu m'entends ? Ton fils a volé la voiture !

Christopher Chausson regarda le lourd sac qu'elle s'efforçait de descendre. Il était rempli du fameux bric-à-brock de Billy. Un morceau d'écorce en forme d'étoile en tomba et glissa sur les marches. Elle le piétina, le brisant en deux.

– Quel fourbi inutile ! Je n'aurais jamais dû lui permettre de rapporter ces ordures à la maison. Eh bien, ne reste pas là les bras ballants ! Ramasse !

Comme toujours, Christopher Chausson obéit sans un mot.

– S'il se comporte comme un rat, qu'il vive comme un rat ! À partir de maintenant, il habitera à la cave.

Elle ouvrit la porte du sous-sol et jeta le sac dans l'escalier.

– Et je récupère la chambre pour moi toute seule ! clama joyeusement Mindy en exécutant une petite danse qui lui donnait l'air d'avoir envie de faire pipi.

Christopher Chausson rejoignit la cuisine (scouic, scouic) et ouvrit le réfrigérateur. Il buvait toujours un grand verre de lait en rentrant du travail.

– Oh non, pas question ! gronda Phillipa Chausson en claquant la porte du frigo. Il y a du travail à faire. Il faut descendre son matelas et aspirer toute la chambre à fond. Mindy ne va quand même pas dormir là-dedans comme ça, elle attraperait des maladies. Tu as déjà gâché un de mes enfants, je ne te laisserai pas détruire l'autre.

Mindy entra dans la cuisine en apportant trois affreuses poupées aux cheveux horriblement brûlés. Désormais, elles pourraient vivre à la cave avec Billy.

– Qui a des maladies ? s'enquit-elle.

– Ton père, je crois, persifla Phillipa Chausson. Il a la maladie de l'inutilité.

Elle trouva cela hilarant, et poussa son rire de

méchante reine. Mindy l'imita en gloussant comme une méchante princesse, bien qu'elle ne comprenne pas vraiment ce qu'il y avait de drôle.

Mais Phillipa Chausson n'en avait pas encore terminé.

– Regarde, il ne sait pas parler non plus ! Il a dû donner sa langue à ce chat répugnant !

– T'as donné ta langue au chat ! renchérit Mindy en tirant sa propre langue à son père.

Christopher Chausson sortit de la cuisine (scouic) et monta. À mi-hauteur de l'escalier, il s'arrêta pour écouter sa femme et sa fille se moquer de lui. Il resta là un petit moment. À écouter, sans rien faire d'autre. Puis, de manière inattendue, il fit demi-tour, redescendit et sortit de la maison. Il n'enfila même pas ses chaussures. Il sauta dans sa petite camionnette et s'en alla en chaussettes. Bien sûr, personne ne remarqua son départ.

21.

CHANTE POUR MOI

Chat-en-Vrac atterrit brutalement sur une dure table en métal.

– Ouiiiiillle, gémit-miaula-t-il. Vous auriez pu me poser doucement !

– Oh, pardon, fit le colonel sur un ton absolument pas désolé. Tu m'as glissé des mains.

Il ouvrit un tiroir sur le côté de la table et y prit un petit flacon transparent qu'il secoua vigoureusement.

Chat-en-Vrac observa les environs. Au-dessus de lui, des rangées de lampes puissantes étaient fixées au plafond. Leur lumière était éblouissante.

– On est où, ici ? demanda-t-il. C'est là que je vais dormir ?

– On pourrait dire ça, en effet, répondit le colonel Beauvrille d'un air énigmatique.

Il éleva le flacon dans la lumière et lut les petits caractères imprimés sur l'étiquette.

– Alors il va falloir éteindre ces lampes. Je ne peux pas dormir dans une lumière pareille. Où est mon lit ?

Le colonel embrassa la pièce d'un grand geste.

– Où tu veux. Tu as le choix.

Chat-en-Vrac, glacé par la table en acier, fit le gros dos. À ce qu'il pouvait voir, il n'y avait là ni lit, ni canapé, ni rien de doux où s'endormir. Le sol était blanc, froid et dur. Sur le pourtour de la pièce, le chat distinguait beaucoup de barreaux métalliques, encastrés, comme des fenêtres de prison. Il plissa les paupières pour se préserver de la dure lumière blanche. Dans la pénombre, derrière les barreaux, il devinait des ombres étranges, indistinctes et immobiles, telles des statues velues.

– Qui est-ce ? demanda-t-il.

– Tes petits camarades. Ne t'en fais pas pour eux, je t'assure qu'ils ne te dérangeront pas. Et je suis sûr que tu trouveras ton… logement… très confortable. Monsieur désire peut-être un service en chambre ? Petit déjeuner à 8 heures ? (Le colonel Beauvrille avait du mal à s'empêcher de ricaner.) Un bonnet de douche et des petits savons sont à votre disposition dans la salle de bains attenante. Je vous souhaite un bon séjour à l'hôtel Mortejoie.

Sur ces mots, il éclata de son curieux rire haut perché, qui résonna, strident, dans la pièce.

Ah, maintenant, il s'amusait bien ! D'un grand geste théâtral, il sortit une seringue du tiroir du haut et enfonça l'aiguille à travers le bouchon du petit flacon transparent. Puis il tira sur le piston et emplit de liquide le réservoir en verre.

– Ça ne va pas te faire mal. C'est plutôt le contraire : cela va t'aider à te détendre.

La situation prenait un tour singulièrement désagréable.

– Je suis déjà bien détendu, plaida Chat-en-Vrac tout en lorgnant la seringue d'un œil inquiet. Regardez comme je suis relax !

Pour le prouver, il laissa mollement retomber ses pattes et sa queue sur la table en acier.

– Vous voyez ? Je suis DÉTENDU, je vous dis !

Le colonel Beauvrille se pencha tout près de lui. Trop près. Chat-en-Vrac voyait clairement les gros poils qui lui sortaient du nez, et flairait son haleine de champignons vénéneux.

– N'aie pas peur. Je vais te rendre célèbre. À jamais.

Le colonel lui pinça la peau du cou entre ses doigts. Il saisit un gros pli de fourrure.

– Ne bouge pas, ajouta-t-il en approchant lentement la seringue.

– Hein ? Non mais attendez, qu'est-ce que vous faites ? Je promets d'être sage !

Cette dernière phrase eut raison du colonel Beauvrille.

– Sage ? mugit-il. SAGE ? Depuis le moment où tu as mis les pattes dans mon château, tu n'as pas été sage. Tu as été impoli, insolent, d'une gloutonnerie astronomique, exigeant, mal élevé, irrespectueux, rustre et grossier ; mais pas un instant tu n'as été sage.

D'un seul coup, il se redressa tout droit, ferma les yeux et inspira à fond, trois fois. Enfin, ce fut un colonel Beauvrille plus calme qui rouvrit les yeux et contempla tristement Chat-en-Vrac.

– Chante pour moi. Une dernière fois.

– Quoi ? s'esclaffa le chat, incrédule. Je ne sais pas chanter !

– Chante pour moi. Comme tu l'as fait lors du concours. Chante pour moi. Fais-moi pleurer.

Ce type était dingue.

– Allez, ne sois pas timide. Quand tu chantes, j'ai l'impression de me noyer dans le miel le plus doux, le plus sucré.

Ça doit être une plaisanterie, songea le chat. *Se noyer dans du miel ? D'une minute à l'autre, le petit Chausson et la vieille Mandiddy vont débarquer en criant : « Poisson d'avril ! On t'a bien eu ! » et tout le monde rira bien.*

– Chante ! rugit le colonel Beauvrille en brandissant la seringue d'un air menaçant, tout près du cou de l'animal.

Chat-en-Vrac obtempéra. Il se mit à chanter.

Vous vous rappelez comme son chant était beau dans la Grande Salle des Fêtes ? Comme il avait charmé le public avec ses miaous mélodieux, comme il avait ému le colonel aux larmes ? Bien, ça, c'était quand il dormait. Éveillé, il chantait comme une casserole. À vous écorcher les oreilles. Il croassait, hoquetait et crachait des bruits aussi éloignés d'un chant que nous sommes éloignés de la Lune. Une scie déchirant du métal rouillé aurait été plus musicale. Des ongles aiguisés sur un tableau noir auraient été plus harmonieux. Un crapaud affligé d'un coup de soleil aurait été plus doux à entendre.

Le colonel Beauvrille se plaqua les mains sur les oreilles.

– Stop ! Ça suffit !

Mais Chat-en-Vrac commençait à y prendre plaisir.

Je chante, se disait-il. *Écoutez-moi, je chante ! Et on prétend que les chats ne savent pas chanter. N'importe quoi ! Balivernes ! Je sais* CHANTER *!*

Il ne sentit même pas l'aiguille s'enfoncer dans son cou. Son chant affreux résonnait encore dans la pièce lorsqu'il s'effondra, réduit au silence, sur la table en acier inoxydable.

22.

AU CHÂTEAU DE MORTEJOIE

Billy et Mme Mandiddy descendirent de voiture. Devant eux, la route s'inclinait doucement vers un large vallon. Le soleil du soir se rapprochait des collines, baignant la campagne de sa lueur orangée et tranquille. Et là-bas, sur l'autre versant, se dressait le château de Mortejoie. Il s'élevait du sol tel un poing de pierre, robuste et farouche. Il était vieux de presque cinq cents ans, mais toujours aussi sombre et imposant.

– Vous le voyez ? demanda Billy.

Mme Mandiddy hocha affirmativement la tête.

– Alors, qu'est-ce qu'on fait ?

– Je ne sais pas, mais on va trouver. Allez, repartons avant que la nuit tombe.

Ils se retournèrent pour remonter en voiture... mais l'auto était déjà à mi-pente, roulant sans bruit le long de la route.

Billy et Mme Mandiddy restèrent plantés sur place, bouche bée, à la regarder. Ils ne pouvaient rien faire pour la retenir.

La route tournait en bas de la pente. Naturellement, la voiture continua tout droit et traversa une haie de taillis. Il n'y eut ni choc ni explosion, rien qu'un petit hoquet métallique, lorsqu'elle s'arrêta le nez dans un fossé, le pot d'échappement dressé vers le ciel. L'une des roues arrière continuait de tourner tel un vieux manège de fête foraine.

– Je crois bien que j'ai oublié de serrer le frein à main, murmura Mme Mandiddy. Désolée.

Billy tâcha de s'imaginer expliquant à Phillipa Chausson comment ils avaient détruit la voiture. Il se figura toutes les teintes de rouge que prendrait son visage, du cerise fâché à un écarlate enragé.

Pour une fois, ce fut Mme Mandiddy qui posa la question :

– Et maintenant, qu'est-ce qu'on fait ?

Il n'y avait pas le choix.

– On continue à pied.

Billy se mit en marche dans la direction du château de Mortejoie. Ils passèrent devant la voiture plantée dans le fossé. Elle semblait très tranquille, comme si elle faisait juste un petit somme la tête en bas. Une brebis curieuse grignota un peu le rétroviseur, mais, ne trouvant là rien d'intéressant, se remit à brouter dans l'air du soir. Le soleil s'était caché derrière les collines, à présent. Ils décidèrent de ne pas suivre la route : c'était bien plus court de couper à travers champs.

La vallée glissa peu à peu dans les ténèbres, uniquement éclairée par une lune pas très pleine. Il n'y avait ni éclairage public ni phares de voiture, et aucune lumière n'émanait du château. Celui-ci paraissait désert. Billy commença à s'inquiéter. Et si le colonel Beauvrille n'habitait plus là ? Avaient-ils fait tout ce chemin dans une voiture volée (et désormais ratatinée) pour rien ? Chat-en-Vrac se trouvait peut-être à des kilomètres, en train de se faire remplir de vieux journaux et de crasse de nombril, pendant qu'ils traversaient une vallée en piétinant dans la boue. Tout cela parce qu'il était tombé sur une photo dans un vieux livre.

L'intimidant donjon du château de Mortejoie les dominait de sa hauteur ; quatre murs en pierre, avec des meurtrières pour toute fenêtre. Jadis, on tirait des flèches enflammées par ces meurtrières pour repousser les armées d'envahisseurs, mais ce soir-là elles étaient aussi immobiles que deux yeux noirs et morts.

Billy et Mme Mandiddy atteignirent la berge d'une rivière, et partirent vers l'amont. Des roseaux

se dressaient telles des lances le long de la rive. Partout où il posait les yeux, Billy voyait des ombres et des formes étranges dans l'obscurité. Il décida de se concentrer sur les pieds de Mme Mandiddy devant lui, pied gauche, pied droit, pied gauche, pied droit, avançant avec légèreté dans l'herbe. Il y avait un petit trou dans sa chaussette gauche, pas plus gros qu'un petit pois. Si on y enfonçait assez de petits pois, elle pourrait faire de la purée en marchant. Penser à de la purée de petits pois le rassurait. Il suffisait de suivre les pieds, pied gauche, pied droit, pied gauche…

– Regarde ! chuchota Mme Mandiddy en s'arrêtant net.

C'était exactement comme dans le livre : un long pont de bois qui faisait le gros dos au-dessus de la rivière pour déboucher directement devant le château.

– Alors, quel est le plan ? demanda Billy.

Il ne doutait pas que Mme Mandiddy en avait un.

Le sourire édenté de la vieille dame miroita dans le clair de lune (pas si clair que ça).

– J'allais te poser la question.

Et donc, dépourvus de plan, ils franchirent le pont et passèrent sous une herse effrayante. La rangée de dents métalliques suspendue au-dessus d'eux semblait faite pour broyer un éléphant, et à plus forte raison un jeune garçon. Billy se jura sur-le-champ de ne jamais s'attarder sous une herse, pour plus de sûreté.

Derrière la herse se déployait une large cour en gravier. Et au milieu de cette cour, une Rolls-Royce noire était garée.

– C'est elle ! s'enthousiasma Billy à voix basse. C'est la voiture que j'ai vue ce matin. Celle du colonel Beauvrille !

Ils étaient au bon endroit, tout compte fait.

– Bien ! Il ne nous reste plus qu'à trouver Chat-en-Vrac et à le ramener à la maison.

Cela paraissait facile, dit par Mme Mandiddy.

Billy compta douze portes donnant sur la cour. Toutes étaient identiques : de lourdes portes en bois renforcé de métal, chacune avec un trou de serrure si large qu'on aurait pu y faire entrer en entier un poisson pané surgelé.

– Laquelle ? souffla-t-il.

– Je te laisse décider.

Le chiffre porte-bonheur de Billy était le 7. Depuis qu'il avait trouvé sept trèfles à quatre feuilles poussant ensemble dans le pré derrière chez lui, il avait toujours cru – enfin, à moitié cru – que le 7 lui portait chance. En plus, son anniversaire tombait le 7 du mois, alors cela voulait sûrement dire quelque chose. Sans doute. Peut-être. Il compta à partir de la gauche. La septième porte se trouvait presque en face d'eux, de l'autre côté de la cour.

– Prêt ? lui demanda Mme Mandiddy, les yeux brillants.

Billy fit signe que oui.

– À trois.

Ils comptèrent jusqu'à trois, et sortirent de l'ombre.

23.

LA *TEA PARTY* DU TAXIDERMISTE

Scrountch ! Avez-vous déjà essayé de marcher sans bruit sur du gravier ? Scrountch scrountch ! C'est impossible. De fait, d'après les plus grands experts mondiaux, le gravier est la quatrième matière la plus bruyante sur laquelle on puisse marcher.

(Pour information, les cinq matières les plus bruyantes sur lesquelles on puisse marcher sont :

– les escargots ;

– les brindilles ;

– les punaises (celles qui servent à accrocher des

dessins au mur, pas l'insecte) – surtout si vous ne portez pas de chaussures ;

– le gravier ;

– le papier bulle.

SCROUNTCH SCROUNTCH SCROUNTCH ! Les pas de Billy et Mme Mandiddy résonnaient entre les murailles du château. Ils essayèrent de marcher sur la pointe des pieds, mais cela ne changea rien du tout. Billy était persuadé qu'un colonel fou de rage allait surgir d'une seconde à l'autre, en pyjama, brandissant un fusil. Mais nul ne se montra, et aucune lumière ne s'alluma aux fenêtres.

– Vas-y, ouvre ! le pressa Mme Mandiddy lorsqu'ils furent arrivés devant la septième porte.

Il voulut abaisser la poignée, mais c'était fermé à clé. Le chiffre 7 ne lui portait peut-être pas bonheur, tout compte fait. Les portes 8, 9 et 10 étaient tout aussi fermées, mais la onzième pivota sur ses gonds. D'accord, son chiffre porte-bonheur était le 11. Billy en prit bonne note.

Il faisait sombre à l'intérieur.

– Vous voyez quelque chose ? demanda le garçon à voix tellement basse qu'il s'entendit à peine lui-même.

– Rien du tout, répondit Mme Mandiddy. Il doit bien y avoir un interrupteur quelque part. (Elle tâtonna le long des murs.) Je crois que j'ai trouvé quelque chose. J'essaie ?

Avant même qu'elle ait allumé, Billy avait deviné ce qu'il allait voir. Tout le monde sait à quoi ressemble un château de l'intérieur. Il y aurait des blasons héraldiques, une immense tapisserie aux couleurs délavées décrivant une bataille ou une scène de chasse. Et puis il y aurait des portraits d'ancêtres à l'air sérieux, et, bien sûr, une armure montant la garde en tenant une de ces masses d'arme qu'utilisaient autrefois les chevaliers pour se frayer un passage dans les lignes ennemies. Il avait déjà vu ça mille fois...

Mme Mandiddy alluma.

Rassemblés autour d'une longue table, quatorze animaux empaillés prenaient part à la *tea party* la plus élégante, la plus extravagante, la plus extraordinaire qu'on ait pu imaginer. À la place d'honneur, en bout de table, trônait un cochon vêtu d'un costume à fines rayures. D'un de ses sabots, il tenait un énorme cigare, tandis que son autre patte se tendait vers une assiette de petits sandwichs au concombre. À côté de lui se tenait une poule, assise sur deux coussins pour être à la bonne hauteur. Un bonnet attaché à sa tête était décoré de clochettes qui auraient sans doute joliment tintinnabulé si elle avait pu bouger. Mais cela n'avait aucune chance d'arriver.

– Un goûter de taxidermiste, souffla Mme Mandiddy en contournant lentement la table. Un festin sans fin. Regarde ! Un poulpe !

Ses tentacules se déployaient dans toutes les directions. L'un était enroulé autour d'un gâteau à la crème, un autre autour d'un biscuit, et un

troisième suspendu au-dessus de deux assiettes, comme s'il hésitait entre la tarte au citron et les meringues. Le quatrième tentacule tenait un toast et le cinquième le beurrait à l'aide d'un couteau en argent. Le sixième disparaissait sous la table, le septième présentait une appétissante part de tourte à la viande juste devant sa bouche, et le dernier reposait tendrement sur le bras d'un singe à moustaches assis deux places plus loin.

Le plus grand animal présent à la table était un cheval. Ses jambes tenaient tout juste sous la table, tandis que ses membres antérieurs s'élevaient en l'air comme s'il venait d'entendre une blague hilarante. Ses oreilles étaient décorées d'une guirlande de fleurs et il semblait porter du rouge à lèvres.

À l'autre bout de la table, en face du cochon, se trouvaient deux chaises vides.

– Vous croyez que le colonel Beauvrille et sa femme s'assoient là ?

– Peut-être, dit Mme Mandiddy. Il est marié ?

– Je n'en sais rien. Il garde peut-être une place pour un invité de marque.

En disant cela, Billy eut soudain un terrible pressentiment.

– Madame Mandiddy, croyez-vous que cela pourrait être la place de Chat-en-Vrac ?

Avant qu'elle ait pu répondre, un cri perçant résonna dans les profondeurs du château.

Billy et Mme Mandiddy s'immobilisèrent. Pendant un instant, ils furent aussi pétrifiés que les animaux présents autour de la table, comme si eux-mêmes faisaient partie de la scène macabre imaginée par le taxidermiste.

Et cela recommença : une plainte lointaine, semblable aux pleurs d'un bébé ou aux gémissements d'un animal en détresse. La nuque de Billy se hérissa. Chat-en-Vrac !

Il y avait une porte en bois tout au bout de la salle à manger ; la vieille dame et le garçon avaient jusque-là été trop préoccupés par le spectacle du goûter pour la remarquer. Billy colla l'oreille au trou de la serrure et écouta.

– C'était Chat-en-Vrac, j'en suis certain, dit-il en relevant la tête vers son amie.

Lentement, il fit tourner la poignée et poussa sur le battant. Il scruta les ténèbres.

– Je ne vois rien, chuchota-t-il.

– Attends une minute. J'ai une idée.

Mme Mandiddy se pressa de regagner la table et se faufila entre le chien et le cheval.

– Excusez-moi, dit-elle poliment en se penchant sur la table pour s'emparer d'un chandelier garni de trois bougies.

Puis elle alla fouiller dans les poches du cochon, et en sortit triomphalement une boîte d'allumettes.

– Comment avez-vous su que vous les trouveriez là ? s'enquit Billy pendant qu'ils allumaient les chandelles.

– Il tient un cigare. Il lui fallait bien quelque chose pour l'allumer !

Le taxidermiste n'avait négligé aucun détail pour que son goûter soit parfait.

Billy et Mme Mandiddy s'engouffrèrent dans un corridor décoré de portraits des ancêtres du colonel Beauvrille. Tous plus affreux les uns que les autres.

– Regarde un peu celui-là, murmura la vieille dame.

Elle éleva le chandelier vers le portrait d'un homme qui avait des rouflaquettes énormes ; son air pincé donnait l'impression qu'il venait de mordre dans le plus acide des citrons. Son nom, à en croire la petite plaque vissée sur le cadre, était : Sir Theodore Beauvrille. Il avait un scalpel de chirurgien à la main, et une peau de renard – avec la tête – était drapée sur son épaule. Billy frissonna. Ce n'était pas le genre d'homme sur qui on avait envie de tomber dans un château obscur par une nuit d'orage.

Et à mesure qu'ils avançaient, chaque portrait était plus déplaisant que le précédent. Ils virent un homme dont la tête ressemblait à un ananas, un autre dont les dents pourries avaient une couleur de crème caramel. Les femmes ne valaient guère mieux. Même la faible lueur des chandelles était impuissante à cacher leur laideur. Il était clair que jamais aucune femme Beauvrille n'avait remporté un concours de beauté, couvertes comme elles l'étaient de verrues poilues et de moustaches. Vers le bout du corridor, il y avait un portrait de Lord Albermoisy, aussi appelé « le Seigneur fou », et qui, à en croire le panonceau fixé sous le portrait, avait été le premier propriétaire du château de Mortejoie. Il tenait dans ses bras une poule bizarrement vêtue d'un large habit en velours vert. Lord Albermoisy vous regardait d'un air joyeux, comme pour dire : « Je me moque bien de ce que vous pensez de moi. Je suis content comme ça. » C'était le seul portrait qui plaise à Billy. Il lui rappelait ce qu'il aimait chez Chat-en-Vrac, qui se fichait éperdument qu'on le trouve étrange.

Un peu plus loin, un escalier en colimaçon montait vers l'étage du dessus.

– Par ici, dit Mme Mandiddy en gravissant les marches quatre à quatre, telle une femme du quart de son âge, ou même du huitième de son âge.

Billy la suivit, en regardant son ombre danser et vaciller sur les murailles de pierre. Ils grimpaient dans le donjon. Plus haut, toujours plus haut. À chaque virage, Billy s'attendait à arriver au bout, mais non, il y avait encore des marches, toujours des marches.

– Miiiiaaaaaoooouuu !

Ils se rapprochaient. Chat-en-Vrac était proche. On aurait presque dit qu'il les guidait jusqu'à lui.

Enfin, au bout de cent vingt-sept marches (Billy comptait toujours les marches), ils atteignirent le sommet. Le garçon s'assit pour reprendre son souffle. Par une meurtrière, il voyait la lune pas-si-pleine-que-ça flotter dans le ciel nocturne. Mme Mandiddy posa le chandelier et se reposa avec lui.

– Est-ce que ça va ? lui demanda-t-elle, le souffle court.

Billy fit signe que oui.

– Et vous ?

– Tu penses ! Facile ! souffla-t-elle en lui souriant.

– Et maintenant, par où ?

Soudain, Billy sentit quelque chose lui ramper sur la main. Une araignée minuscule fila sur son petit doigt avant de regagner la terre ferme. Il aimait bien les araignées, même les grosses, et il leur venait toujours en aide quand elles étaient prises au piège dans la baignoire. Une fois, il avait passé un après-midi entier à leur construire une échelle de secours avec de la ficelle et des allumettes, et l'avait accrochée au flanc de la baignoire. Ainsi, elles pourraient toujours ressortir si jamais elles tombaient dedans. Bien sûr, Mindy s'était moquée de ses efforts et avait tout raconté à leur mère.

– Noie-les, c'est tout, avait tranché celle-ci tout

en brisant l'échelle en mille morceaux. C'est bien plus simple. Tu ouvres le robinet et tu les chasses dans le tuyau.

Il imaginait que les araignées, un jour, le récompenseraient pour son acte de bonté. Peut-être maintenant, justement. Le moment était bien choisi.

L'araignée hésita un instant, puis disparut sous une porte.

– Chat-en-Vrac est là, chuchota Billy. J'en suis sûr.

Il s'allongea sur le ventre et regarda sous la porte. Une faible lumière brillait dans la pièce.

– Qu'est-ce que tu vois ?

– Je ne sais pas trop, dit-il en pressant encore plus son visage contre le battant. Ce n'est peut-être rien, mais...

– MIIIIAAAAOOOOUUU.

Billy se releva d'un bond et, sans la moindre hésitation, ouvrit la porte.

24.

UN CHAT DANS UN CHIEN

– Entrez donc, les invita le colonel Beauvrille avec le plus grand calme. Tous les deux, entrez.

On aurait pu croire qu'il les attendait.

Il était assis dans un fauteuil, devant un feu ronflant. Un chihuahua, couché en rond sur ses genoux, dormait paisiblement. Le colonel se pencha en avant pour retirer une longue fourche métallique des flammes ; un marshmallow légèrement grillé était empalé dessus.

– Je sais que c'est extravagant d'allumer un feu par une chaude soirée d'été, mais que voulez-vous, j'adore les marshmallows grillés. (Bizarrement, il prononçait le mot « meurshmélleuws ».) Le plus curieux, voyez-vous, c'est que les *meurshmélleuws* sont infects s'ils ne sont pas grillés. Trop caoutchouteux. C'est un peu comme mâcher des élastiques, vous ne trouvez pas ?

Billy ne savait pas trop s'il valait mieux répondre ou non.

Le colonel Beauvrille tint la fourche à bout de bras pour se mettre le marshmallow dans la bouche, en n'aspirant que la couche extérieure. Puis il replongea la fourche dans le feu et entreprit de faire griller l'intérieur mou.

– Couche après couche, c'est la meilleure méthode, vous ne trouvez pas ?

Billy ne pouvait plus se taire. Il sentait ses joues s'empourprer.

– Où est-il ? Où est Chat-en-Vrac ?

– Ah, oui, Chat-en-Vrac, dit le colonel en léchant des restes de sucre fondu sur ses lèvres. Tu sais, la première fois que j'ai posé les yeux sur lui, je me suis dit : Charles, quel beau spécimen ! Quelle créature ! Je le veux, je le veux. (Il pivota sur lui-même pour regarder Billy d'un air triste.) C'est presque dommage de devoir l'empailler, bien qu'il soit terriblement malpoli, tu ne trouves pas ?

– Nous savons qu'il est ici. Nous l'avons entendu, insista Mme Mandiddy.

– Ah oui, vous l'avez entendu ? Mais peut-être que vous *croyez* simplement l'avoir entendu.

Le colonel Beauvrille s'amusait beaucoup, c'était visible. De sa main de géant, il souleva le chihuahua de ses genoux. Le chien ne changea pas de position. Il était raide comme une planche.

– Écoutez donc.

Il appuya sur le ventre empaillé de l'animal.

« Miiiiaaaaoooouuu », fit le chien.

– Une merveille, n'est-ce pas ? C'est comme s'il y avait un chat dans un chien !

Tel un enfant fier de son jouet préféré, il le pressa de nouveau.

« Miiiiaaaaoooouuu ! »

Et encore.

« Miiiiaaaaoooouuu ! »

Et encore.

Alors il fut pris d'un fou rire curieusement haut perché, jusqu'à ce que de grosses larmes lui roulent sur les joues. Il finit par sortir un mouchoir en tweed de sa poche pour se tamponner les yeux.

– Magnifique, vous ne trouvez pas ? Bien sûr, d'autres taxidermistes m'accusent de manquer de professionnalisme. « Vous avez tort de faire ce genre de choses, disent-ils. C'est contraire à notre déontologie. » Eh bien, moi, je leur dis : « Au diable ! » Tout ce qu'ils veulent, c'est empailler un animal et l'exposer. Quelle barbe ! Moi, je veux jouer avec mes créations. La *tea party* vous a divertis, j'imagine ?

Mme Mandiddy s'avança.

– Tout ce que nous voulons, c'est récupérer Chat-en-Vrac. Il appartient à ce garçon.

Le colonel Beauvrille s'extirpa de son fauteuil. Billy avait oublié à quel point il était immense : sa tête touchait presque le plafond.

– Je crois que vous ne m'avez pas compris, déclara-t-il en marchant de long en large, l'air de plus en plus agacé. Lorsque mon arrière-grand-père, Theodore Beauvrille, a capturé et empaillé le dernier dodo vivant sur Terre, il a signé là son chef-

d'œuvre. Toute ma vie, j'ai attendu un moment comme celui-là. Quand j'empaillerai votre chat, ce sera mon chef-d'œuvre à moi. Ça, dit-il en brandissant le chihuahua, c'est du pipi de chat à côté.

Et il jeta dans le feu l'animal empaillé.

Le petit chien émit un ultime et faible miaou avant d'être englouti par les flammes.

La voix du colonel monta en volume.

– Chat-en-Vrac est à moi. Je l'ai acheté légalement à votre mère, une femme *deuuulicieuuuse*. Transmets-lui mes hommages, Billy. Oh que je suis bête ! Je pense que tu ne la reverras pas de sitôt.

– Comment ça ? fit Billy.

Le colonel Beauvrille se posta à côté de la porte. Ses yeux étaient plus gros que des balles de ping-pong.

– Tu sais, je n'ai jamais essayé d'empailler un enfant. Je me demande si ce serait très difficile ? (Il regarda ensuite Mme Mandiddy.) Avec vous, je ne pourrais rien faire. Trop maigrichonne. Une vraie brindille, une vieille branche morte. On dirait que vous êtes déjà empaillée – et mal, en plus.

Sur ces mots, il sortit, claqua la porte derrière lui et la ferma à clé.

– Au fait, tonna-t-il à travers le trou de la serrure, servez-vous en *meurshmélleuws*. Je ne voudrais pas que vous pensiez du mal de mon hospitalité.

Il trouva cela absolument désopilant, et descendit du donjon sans cesser de glousser de rire.

Mme Mandiddy était hors d'elle.

– Revenez, et je vous montrerai de quoi une vieille branche est capable ! s'égosilla-t-elle en tapant des deux poings contre la porte.

Billy n'avait jamais vu Mme Mandiddy aussi en colère, mais son esprit était déjà ailleurs. Concentré sur l'évasion.

25.

NE FAITES JAMAIS CONFIANCE À UN MARSHMALLOW

Billy et Mme Mandiddy étaient bel et bien pris au piège. Les murailles étaient en pierre épaisse, et l'unique fenêtre n'était qu'une fente étroite. Ils cherchèrent des portes dérobées, des passages secrets, en vain. Billy regarda même dans le conduit de la cheminée une fois que le feu se fut éteint : peut-être pourrait-il grimper par là et s'enfuir par les toits. Mme Mandiddy n'était pas très pour. Elle se rappelait avoir entendu, quand elle était petite, des histoires de jeunes garçons envoyés dans des conduits pour les ramoner, et qui n'étaient jamais redescendus.

Au bout de peu de temps, et en dépit de la

situation, la vieille dame s'endormit dans le fauteuil. Tout d'abord, elle refusa de s'en approcher.

– Pas question que je m'asseye là où ce bonhomme a posé son énorme derrière.

Mais comme c'était le seul siège confortable de la pièce, Billy finit par la persuader de s'y installer.

– Et toi, mon cher petit ? lui demanda-t-elle.

Avant même qu'il ait pu répondre, les yeux de la vieille dame s'étaient fermés. Il trouva une peau de mouton usée, la secoua pour en faire tomber la poussière, et la disposa gentiment sur elle.

Puis il s'assit sur le rebord en pierre de la fenêtre et tâcha de réfléchir. Il était si fatigué, si vidé, que ses pensées se mélangeaient.

Concentre-toi, Billy. Comment sortir d'ici ?

Il envisagea d'envoyer des signaux de fumée, mais à qui ? Il n'y avait personne à des kilomètres à la ronde, et même s'il y avait eu quelqu'un, qui les aurait vus de nuit ? Un tapis, roulé dans un coin, accrocha son regard. Un tapis magique ? Bien sûr ! Un tapis volant ! Il le déroula et essaya toutes les formules magiques qui lui venaient en tête, de Abracadabra à Zalamoutch, mais, évidemment, le tapis ne décolla pas d'un millimètre. Il rêvassa à l'idée de sortir par la meurtrière. Il pourrait certainement bondir sur la lune pas-si-pleine-que-ça et se laisser glisser du croissant jusqu'au sommet des collines ? Mais sa tête était un tout petit peu trop grosse pour passer par la fente. Il imagina Mindy le regardant essayer. « Grosse tête ! » l'aurait-elle appelé, et c'était vrai qu'il avait la grosse tête.

Il entendit alors un bruit dehors : scrountch, scrountch. Scrutant la nuit par la fenêtre, il vit le colonel Beauvrille traverser la cour à grandes enjambées, déverrouiller la porte n° 7 et entrer. Une minute plus tard, l'homme réapparut, un bocal à la main. Une lueur rose émanait de ce bocal, éclairant le visage du géant en lui donnant un aspect de fromage blanc. Il referma la porte à clé, glissa la clé dans la poche de sa veste en tweed et repartit – scrountch, scrountch – à travers la cour.

Penser à du fromage blanc fit gargouiller l'estomac de Billy. À part les deux biscuits de ce matin, il n'avait rien mangé de la journée. Le sachet de marshmallows entamé gisait par terre à côté de la cheminée. Il n'en mangerait pas : il ne voulait rien accepter qui vienne du colonel Beauvrille. Cet homme avait tout de même menacé de l'empailler ! Mais les marshmallows étaient appétissants ; c'était d'ailleurs une de ses friandises préférées, grillés ou non. Un marshmallow tombé du paquet reposait sur le foyer en marbre. Cela ne pouvait pas faire de mal d'en prendre un, si ?

– S'il te plaît, mange-moi, dit le marshmallow d'un petit air triste.

Billy se frotta les paupières. Les marshmallows, surtout les roses, ne parlaient pas. Il était épuisé et affamé, voilà tout.

– Tu as sommeil ? s'enquit le cube de guimauve.

Ce qui était très attentionné de sa part.

– Oui. La journée a été longue.

– Tu sais, tu pourrais nous utiliser comme oreiller.

– Ne dites pas de bêtises, répondit Billy. Les marshmallows sont faits pour être mangés, pas pour qu'on dorme dessus.

– Mais nous sommes si moelleux ! Allez, essaie !

– Mais il faut que je reste éveillé. Je dois trouver le moyen de sortir d'ici.

Le marshmallow ne lâcha pas le morceau.

– Et si tu faisais juste un petit somme ? Dix minutes, c'est tout. Pour t'éclaircir les idées.

Voilà qui était raisonnable.

– D'accord. Mais rien que dix minutes. Vous promettez de me réveiller ?

– Promis.

Billy sortit donc les marshmallows restants du sachet, les disposa sur l'appui de la fenêtre et posa la tête dessus. Ils formaient le plus doux des oreillers.

– Rien que dix minutes, hein ? insista-t-il.

Il se sentait déjà sombrer dans le sommeil.

– Rien que dix minutes, lui souffla doucement la guimauve à l'oreille.

Bien évidemment, les marshmallows n'ont aucun sens du temps qui passe. Ils ne sont pas plus doués pour mesurer dix minutes que ne le serait un chou-fleur ou une brique. Pour tout dire, ils ne savent pas faire grand-chose. Si vous aviez besoin d'un coup de main pour faire votre lit, vous ne demanderiez pas son aide à un marshmallow ; s'il fallait promener le chien, vous savez bien qu'un marshmallow ne le ferait pas pour vous (sans compter que le chien le mangerait probablement). De même, si vous êtes en retard à l'école, ne dites pas au professeur qu'un marshmallow a oublié de vous réveiller. Il ne vous croirait pas, et vous devriez rester en retenue pour recopier cent fois :

JE N'UTILISERAI PAS UN MARSHMALLOW COMME RÉVEILLE-MATIN.

JE N'UTILISERAI PAS UN MARSHMALLOW COMME RÉVEILLE-MATIN.

JE N'UTILISERAI PAS UN MARSHMALLOW COMME RÉVEILLE-MATIN.

... et ainsi de suite, quatre-vingt-dix-sept fois de plus.

Ne faites jamais confiance à un marshmallow. Surtout les roses.

26.

DES RONFLEMENTS CACOPHONIQUES ET UN LAITIER

Déjà tout petit, le colonel Beauvrille ronflait très très fort. Ses parents, épuisés par le manque de sommeil, avaient déplacé son lit dans le vieux cellier à légumes profondément enterré sous le château. Tous les soirs, à l’heure du coucher, le jeune Charles, en pyjama et muni de son nounours en peluche préféré, traversait la cour en gravier pour descendre dans sa chambre souterraine. L’odeur était forte, là-dedans. Trois cents années d’entreposage de choux et de patates avaient laissé une puanteur violente et indélébile. Pendant un temps, cet arrangement avait bien fonctionné, mais en grandissant il s'était mis à ronfler encore plus fort. Les médecins affirmant qu'ils ne pouvaient rien y faire, ses parents, à bout de nerfs, l'avaient envoyé au loin, d'abord en pension, puis dans l'armée, puis autour du monde. Lorsque tous deux étaient décédés de manière inattendue lors d'un safari en Afrique (leur tente avait été piétinée par un hippopotame aussi amoureux que myope), il était revenu au château de Mortejoie.

Peu après, il s'était marié, mais son épouse l'avait quitté au bout de trois jours seulement : elle ne pouvait tout simplement pas supporter ses ronflements. Il s'était acheté un chien, mais celui-ci s'était enfui. Ainsi que le chat. Puis un jour, en parcourant la bibliothèque du château à la recherche d'un remède contre les ronflements, il était tombé sur un ouvrage écrit par son arrière-grand-père, le fameux taxidermiste Theodore Beauvrille. Ce fut une révélation. Si jamais il parvenait à maîtriser l'art de la taxidermie, alors plus rien ne le fuirait.

À dater de ce jour, il avait empaillé tout ce qui lui tombait sous la main. Au début, il n'était pas très doué – ses écureuils ressemblaient à des rats, et ses rats à des saucisses –, mais après des heures et des heures de pratique, il était devenu expert en la matière.

Comme tant de gens avant lui, Billy fut réveillé par les ronflements du colonel Beauvrille. On aurait pu croire qu'un avion décrivait des cercles en rase-mottes au-dessus du château, qui était secoué jusqu'à ses fondations. À présent qu'il était éveillé, Billy se rendit compte qu'il était dans un état lamentable ; il faisait froid, et son corps entier était endolori d'avoir dormi dans une position si tordue. En dépit du vacarme tonitruant, Mme Mandiddy dormait encore profondément dans le fauteuil. Elle avait l'air si bien, si douillettement installée, que Billy songea à s'allonger par terre en utilisant le tapis pas-si-magique-que-ça comme couverture.

Mais jamais il ne réussirait à se rendormir, avec ces ronflements cacophoniques. Et d'autre part, il fallait encore qu'il trouve un moyen d'évasion.

Il se leva donc, et étira ses bras vers le plafond pour déplier ses muscles douloureux. Dehors, le jour se levait et la lune s'effaçait tel un fantôme fatigué après une longue nuit passée à hanter. Et c'est alors qu'il vit quelque chose. Deux taches lumineuses pas plus grosses que des têtes d'épingle, qui apparurent au sommet de la colline d'en face et commencèrent à descendre dans la vallée. C'était un véhicule avec ses phares allumés. Il se déplaçait lentement et méthodiquement, suivant la route en direction du château. Comme il se rapprochait, Billy entendit un son tellement familier, tellement quotidien, qu'il n'en crut pas ses oreilles.

– Ce n'est pas possible, chuchota-t-il pour lui-même.

Mais cela recommença : un bruit faible mais

irréfutable de bouteilles de lait s'entrechoquant dans leurs caisses.

– Le laitier ! s'écria Billy. C'est le laitier !

Mme Mandiddy ouvrit les yeux.

– Oh, Seigneur, me serais-je endormie ? (Elle entendit les ronflements.) Qu'est-ce que c'est que ce charivari ?

Billy trépignait soudain d'impatience.

– Vite, madame Mandiddy ! Un laitier arrive ! Il faut qu'on lui fasse passer un message, et il pourra peut-être le transmettre à mon père. Les laitiers se connaissent tous entre eux, n'est-ce pas ? Est-ce qu'il n'y a pas des clubs de laitiers, où ils se réunissent pour parler de, euh... de lait ?

– Et si on criait simplement quand il arrivera ici ?

– Cela risque de réveiller le colonel Beauvrille. Vous ne l'entendez pas ronfler ?

– J'ai cru que c'était un avion ou un... qu'est-ce que tu as sur le front ? demanda la vieille dame en désignant les marshmallows collés à sa peau.

Mais Billy ne l'écoutait pas. Il fouillait la pièce à la recherche d'un crayon et d'un papier. À côté de la porte, il trouva une pile de vieux livres. Ouvrant celui du dessus, il arracha la page de garde. Déjà il entendait le doux bourdonnement du moteur électrique qui se rapprochait. Cela lui rappela les moments où il était dans son lit, chez lui, en train d'écouter son père qui partait au travail. *Concentration, Billy ! Ce n'est pas le moment de rêvasser !*

– Un crayon. Un crayon. Vous avez un crayon ?

– Non, mais… (Mme Mandiddy chercha des yeux quelque chose pour écrire.) Vite ! Donne-moi le papier.

Elle s'agenouilla devant la cheminée et en sortit un bâton à moitié consumé. Avec le bout charbonneux, elle inscrivit sur la feuille :

SOMMES PRISONNIERS. À L'AIDE.

Son écriture n'était déjà pas fameuse dans des conditions idéales. Écrire avec un morceau de bois carbonisé n'arrangeait pas la situation. On aurait cru qu'elle avait écrit :

SOLES POISSONNIERS. À L'ALDE.

– C'est quoi, « à l'alde » ? demanda Billy en lisant par-dessus son épaule.

– À l'aide. A-i-d-e, épela Mme Mandiddy.

– Non, vous avez écrit...

La camionnette du laitier entra dans la cour gravillonnée.

Il n'était plus temps de soigner l'écriture. Ils se ruèrent sur l'étroite fenêtre et regardèrent le petit véhicule s'arrêter à côté de la Rolls. Billy froissa le papier en boule et tendit le bras par la meurtrière.

Mme Mandiddy se tenait juste derrière lui.

– Attention, lui chuchota-t-elle. Vise bien... Feu !

Billy jeta la boule de papier avec une torsion

du poignet. Elle descendit et atterrit, avec un petit plop, sur le toit de la camionnette.

– Joli coup ! commenta Mme Mandiddy en lui donnant une tape dans le dos.

Ils attendirent, mais personne ne se montra. Nul visage amical ne se tourna vers eux. En fait, à leur grande horreur, le véhicule redémarra. Il s'en allait.

– Non ! s'étrangla Billy. Vous ne pouvez pas nous laisser comme ça ! Madame Mandiddy, qu'est-ce qu'on va faire ?

Mais elle avait une longueur d'avance sur lui.

– Attention, Billy !

En se retournant, il vit la vieille dame charger vers la fenêtre, armée du tapis pas-si-magique-que-ça. Il fit un pas de côté, et tous deux glissèrent le tapis par la meurtrière. Voilà, à présent il volait ! Droit vers le bas, franges au vent, jusqu'au moment où, avec un gros BOUM, il s'abattit pile sur le toit de la petite camionnette.

27.

UNE MOTTE DE BEURRE

La camionnette du laitier s'arrêta en dérapant.

– Par ici, dit Billy en chuchotant le plus fort possible. Nous avons besoin d'aide !

Il s'efforçait de passer pour quelqu'un de normal, qui en principe n'est pas du genre à jeter des tapis sur des camionnettes de laitier.

Enfin, un laitier descendit du véhicule. Comme tous les laitiers, il portait une longue blouse blanche et une casquette blanche. À la différence de tous les laitiers, il ne portait pas de chaussures. Il était en chaussettes.

Billy en resta comme deux ronds de flan. Jamais,

jamais il ne se serait attendu à voir son père apparaître.

– Papa ! Qu'est-ce que tu fais là ?

– Je te cherchais ! (Christopher Chausson se tapota le front.) Qu'est-ce que tu as à la tête ?

Billy, à son tour, se toucha le front. Les marshmallows ! Cinq d'entre eux étaient encore collés à lui comme des berniques à leur rocher. Un sixième s'était pris dans ses cheveux et pendouillait tel un bouchon de liège sur un chapeau antimouches de fermier australien[1].

– Je me suis dit qu'il valait mieux que je vienne te chercher. Ta mère est furieuse.

Billy choisit de ne pas entendre la seconde phrase.

– Comment nous as-tu retrouvés ?

---

1. Si vous n'avez jamais vu un chapeau antimouches de fermier australien, cherchez sur Internet et vous comprendrez mieux. Pauvres fermiers australiens !

– Je suis laitier. Je sais où habite tout le monde. Où est la voiture ?

– On l'a laissée dans un champ.

Ce n'était pas tout à fait un mensonge. La manière dont elle y avait été laissée était un tout autre sujet.

Entre deux bruyants ronflements, Billy lui expliqua ce qui s'était passé et comment ils s'étaient retrouvés prisonniers dans le donjon.

– Peux-tu te glisser par la meurtrière ? lui demanda son père. Tu pourrais descendre en t'accrochant à la vigne vierge. Elle a l'air assez solide.

– Mais ma tête est trop grosse. J'ai essayé, ça ne passe pas.

– Attends une seconde. J'ai une idée.

Christopher Chausson trottina jusqu'à l'arrière de sa camionnette et farfouilla dedans. Quelques instants plus tard, il en sortit quelque chose qu'il tint au-dessus de sa tête tel un athlète victorieux brandissant un trophée.

– Qu'est-ce que c'est ? demanda Mme Mandiddy en plissant les yeux pour mieux voir.

– Je crois que c'est une motte de beurre.

– Pourquoi est-ce qu'il tient du beurre au-dessus de sa tête ?

– Aucune idée.

Le garçon haussa les épaules. Son père avait un comportement très étrange.

– Je vais te lancer le beurre. Prépare-toi à l'attraper ! dit Christopher Chausson.

Le cœur de Billy se serra. Il n'avait jamais été doué pour rattraper les choses. Une fois, à l'entraînement de foot, on l'avait désigné comme gardien. Il avait encaissé sept buts rien que dans la première mi-temps, et on ne lui avait plus jamais proposé ce poste. Il tendit les bras par la meurtrière et pria pour que tout se passe bien.

– Attrape !

Christopher Chausson se pencha en arrière pour prendre de l'élan, et lança le beurre de toutes ses forces. Celui-ci s'envola et atterrit pile entre les mains tendues de Billy.

– Bien joué ! s'exclama Mme Mandiddy en applaudissant.

– Et maintenant, qu'est-ce que j'en fais ? demanda le garçon.

– Tartine-t'en la tête, lui cria son père.

Billy crut avoir mal entendu. Les ronflements du colonel Beauvrille étaient plus sonores que jamais.

– Qu'est-ce que tu dis ?

– Enduis toute ta tête de beurre. Et mets-en aussi sur tes épaules.

– Pourquoi ?

– Tu verras.

Billy se retourna vers Mme Mandiddy.

– Il veut que je me tartine la tête et les épaules de beurre.

Sans discuter, la vieille dame prit la motte et la déballa.

– Allons, ne bouge pas.

Telle une maman enduisant un enfant de crème solaire, elle préleva une noisette de beurre et commença à l'étaler sur le visage de Billy.

– Tu me diras plus tard pourquoi tu as des marshmallows collés sur la figure, ajouta-t-elle avec un sourire. Ferme les yeux.

Elle utilisa toute la motte, appliquant une couche épaisse sur la tête, les cheveux, le cou et les épaules de Billy. Ce dernier essuya un globule de beurre sur le bout de son nez et le lécha. Le goût était bon. Il ne manquait plus qu'une tranche de pain.

Il se rapprocha de la meurtrière et fit signe à son père.

– Et maintenant ?

– Essaie de passer la tête dehors. Ça devrait glisser.

C'était donc ça, son idée géniale ! Billy se colla contre la fente et poussa. Lentement, très lentement, il glissa vers l'avant. C'était un peu comme enfiler un pull à col roulé trop petit. À mi-chemin, il s'arrêta.

– Aïïïe, mes oreilles ! Je n'arrive pas à les faire passer.

– Oh, non ! glapit Mme Mandiddy. J'ai oublié de les beurrer ! Quelle vieille folle je fais !

Elle racla un peu de matière grasse sur ses épaules et l'étala sur ses oreilles.

– Essaie comme ça. Et si ça ne marche pas, on n'aura plus qu'à les couper, dit-elle avec un petit rire.

En temps normal, Billy aurait ri, mais c'est difficile de rire quand on a la tête coincée dans une meurtrière. Il se remit à pousser vers l'avant. Le haut de ses oreilles se plaqua contre son crâne tandis qu'elles raclaient contre la pierre. Il entendait le bruit mou du beurre dans toutes les fibres de ses cheveux, jusqu'au moment où : ping ! Son oreille gauche passa, puis pong ! La droite fit de même.

Le reste fut plus facile. Il tourna son corps de profil et fit glisser ses épaules beurrées dans l'étroite ouverture. Ensuite, les bras collés au corps, il laissa Mme Mandiddy soulever ses pieds et pousser, de même qu'on introduit un paquet dans une boîte aux lettres. Dès que ses mains furent libérées, il agrippa la vigne vierge au-dessus de la fenêtre et fit passer ses jambes. Une fois les deux pieds posés sur le rebord, il eut quelques palpitations dans le ventre. Il était vraiment très haut.

Quelle est la phrase qu'il ne faut surtout pas dire à quelqu'un qui se trouve vraiment très haut ?

– Ne regarde pas en bas ! lui conseilla Christopher Chausson.

Billy regarda en bas. Ses jambes se ramollirent immédiatement, et de grosses gouttes de sueur apparurent sur son front beurré.

– Billy, lui dit calmement Mme Mandiddy, regarde-moi.

Dans le petit espace entre ses pieds, il vit la vieille dame poser la tête sur l'appui de la fenêtre. Elle leva les yeux vers lui et sourit.

– Et maintenant, dis-moi quel est le problème.

– Je crois que je ne peux pas bouger. C'est trop haut.

– Trop haut ? Oui, tu as sans doute raison. Tu ferais mieux de rentrer, alors.

Mais il ne voulait pas rentrer. Il voulait descendre retrouver son père. Il voulait sauver Chat-en-Vrac, puis s'enfuir le plus loin possible du château de Mortejoie. Peu à peu, ses jambes cessèrent de trembler et ses boyaux cessèrent de palpiter. Il retourna son sourire à sa meilleure amie. Elle savait toujours quoi dire et comment tirer le meilleur de lui.

Avec mille précautions, il souleva son pied gauche du rebord, puis l'abaissa, tout en tâtonnant à la recherche d'une prise pour soutenir son poids. Là ! Il trouva un petit creux dans la maçonnerie, tout juste suffisant pour qu'il y glisse le bout de sa chaussure. Puis son autre pied trouva une branche de vigne vierge. Billy s'assura de sa solidité avant d'y faire reposer son poids. Tant qu'il ne regardait pas en bas, tout allait bien. Quand un de ses pieds ne trouvait rien en dessous, il se déplaçait un peu de côté, et trouvait toujours une branche ou un creux. C'était plus facile qu'il ne l'avait imaginé.

Il ne remarqua pas une fenêtre sur sa gauche : la vigne vierge l'avait entièrement recouverte. Il ne se rendit pas compte non plus que les ronflements s'étaient tus. Et il ne vit pas du tout le gros bras poilu surgir de la fenêtre cachée ni l'énorme main charnue qui se tendait vers lui, les doigts écartés.

– Attention ! hurla Christopher Chausson.

Trop tard. Telle une grappe de raisin, Billy fut cueilli, puis violemment happé dans les ténèbres du château de Mortejoie.

28.

LA POSE ÉTERNELLE

Il faisait noir comme en pleine nuit. Billy n'entendait qu'une lourde respiration.

– Qui est là ?

Il espérait que sa terreur ne s'entendait pas dans sa voix.

Un éclair aveuglant, rouge et jaune, illumina la pièce, aussitôt remplacé par une lueur violet foncé.

– Tu te souviens de la luciole feu d'artifice, n'est-ce pas ? (L'énorme face barbue du colonel Beauvrille n'était qu'à quelques centimètres de la sienne.) Je comptais l'empailler, mais elle fait une *meuuurveilleuse* veilleuse, tu ne trouves pas ?

Il indiqua la luciole, enfermée dans un bocal à confiture sur la table de chevet.

Le colonel, qui tenait Billy à bout de bras par le fond de son pantalon, le laissait pendouiller en l'air comme un rat de laboratoire tenu par la queue.

– Figure-toi que j'ai peur du noir. Un homme de ma stature ! Ridicule, non ?

Billy serrait toujours dans ses poings des branches de vigne vierge arrachées à la muraille.

– Lâchez-moi !

– Si tu y tiens.

Le colonel était un homme de haute taille ; la chute fut rude. Billy atterrit brutalement sur le sol de pierre.

– Tu t'es fait mal ? lui demanda l'homme avec indifférence.

Billy ne répondit pas. Oui, il s'était fait mal, mais il n'allait tout de même pas l'avouer.

– Cela fait des années que je veux faire poser de la moquette. Ce serait agréable, en se levant le matin, de mettre les pieds sur quelque chose de chaud et de moelleux, tu ne trouves pas ? Ou bien je devrais peut-être acheter des pantoufles ? Ou en fabriquer ? Des chaussons en peau de Chat-en-Vrac ! (Il joignit les mains dans un geste d'enthousiasme.) Qu'en dis-tu ? Hmm, tu as raison, pas très pratique. Toutes ces pattes qui dépassent dans tous les sens. Et puis, il n'y en aurait assez que pour un pied.

Le colonel s'assit devant son meuble de toilette et entreprit de se peigner la barbe. Cela rappela à Billy sa sœur devant sa coiffeuse, à la maison, se brossant les cheveux pendant des heures. Pour la première fois de sa vie, elle lui manquait.

– Sais-tu que la vieille branche et toi, vous êtes mes premiers invités en quinze ans ? C'est un plaisir d'avoir des invités. Avez-vous apprécié mon hospitalité ? Je me flatte d'être un excellent hôte. (Il tournait le dos à Billy, mais le regardait de temps en temps dans la glace.) Je vous aurais bien apporté une tasse de thé pour le petit déjeuner, mais je me suis souvenu qu'il ne faut rien manger ni boire dans les douze heures qui précèdent une opération chirurgicale. Pas une goutte ! Je ne voudrais pas que ton ventre répande du thé à la bergamote plein mon labo quand je l'ouvrirai !

Le colonel trouva cette dernière remarque hilarante et éclata de son rire haut perché.

Billy déglutit avec difficulté. L'homme était donc sérieux ! Il comptait réellement l'empailler.

– Oh, ne t'inquiète pas, c'est absolument indolore. Et pense un peu à ça : tu ne vieilliras jamais. Comme Peter Pan ! Sauf que tu ne voleras pas, bien sûr, et qu'il n'y aura pas cette exaspérante famille Darling. (Il posa son peigne à barbe et pivota pour faire face au garçon.) Je suis heureux que tu sois passé, car je voulais discuter avec toi de ta pose éternelle.

Pour la première fois depuis qu'il était dans la pièce, Billy parvint à parler.

– Ma pose éternelle ?

– Laisse-moi t'expliquer ça. Quand je t'aurai empaillé, tu garderas la même pose pour toujours. Et comme je n'ai jamais empaillé d'humains, je ne veux pas me tromper. J'avais pensé à toi tenant ton chat dans les bras : *Le Garçon au chat*, ensemble à jamais. Je peux être assez sentimental, vois-tu. Mais peut-être préférerais-tu être seul, une lance à la main : *Jeune Chasseur*. (Le colonel se leva et mima le geste de jeter une lance.) Qu'en dis-tu ?

Il était fou. Il était là, en train de discuter avec Billy de sa « pose éternelle », comme si c'était la conversation la plus normale au monde. Il aurait parlé sur le même ton de sa saveur de crème glacée favorite.

Billy avait besoin de temps pour réfléchir. Il fallait qu'il trouve un moyen de sortir de là. La porte était située à l'autre bout de la pièce, derrière le colonel, et c'était l'unique issue.

– Oh, ne va pas de faire des idées, lui dit celui-ci en suivant son regard. C'est fermé à clé. Toutes les portes le sont, et c'est moi qui ai la seule clé. Le laitier ne peut pas entrer, tout comme la vieille branche ne peut pas sortir. (Il inclina la tête sur le côté, tel un chien intrigué.) Tu as de drôles de fréquentations !

La luciole baignait la pièce d'une lumière orangée, si bien que le colonel semblait avoir pris un vilain coup de soleil.

C'est alors que Billy eut une idée. Bon, à vrai dire, ce n'était que la moitié d'une idée, mais c'était déjà mieux que rien. Il se leva.

– Qu'est-ce que tu fais ?

Pour un homme aussi immense, le colonel Beauvrille était bien nerveux.

– J'ai une idée pour ma, euh… ma position éternelle.

– Ta pose éternelle, mon cher petit. Cela s'appelle la pose éternelle. Ah, mais c'est *meuuurveilleux* ! Qu'as-tu en tête ?

– Eh bien, hum, quand je suis chez moi, j'adore me déguiser, mentit Billy. Surtout avec ma sœur Mindy, rementit-il.

Le colonel se renfrogna.

– Quel prénom hideux, Mindy. Minndy. Minnnnnndy. On dirait un nom de cancrelat.

Ils étaient au moins d'accord sur un point.

Billy continua à mettre en œuvre son demi-plan.

– Pour ma pose éternelle, je veux être élégant. Je ne veux pas de ces vieilles frusques. J'aimerais vous ressembler, par exemple.

Si la lumière n'avait pas été si orangée, on aurait pu voir le colonel Beauvrille rougir.

– À moi ? Mais je porte toujours la même chose, c'est ennuyeux comme tout, minauda-t-il avec une modestie feinte.

– Mais je vous trouve tellement… digne ! (Billy se tut un instant pour prendre sa respiration.) Pensez-vous que je pourrais essayer votre veste ? Juste pour voir ?

– Bien sûr, mon cher petit. Quelle *meuuurveilleuse* idée.

Le colonel retira sa veste et la tint ouverte pour Billy.

– C'est bien trop grand pour toi, mais je t'en prie, essaie-la.

Le garçon passa ses bras dans les manches et enfila la veste. Elle pesait une tonne et pendait jusqu'au sol. Il sentit ses genoux ployer sous le poids, mais parvint à se forcer à sourire.

– J'adore ! fit-il avec une grimace.

– J'en ai des centaines, se vanta le colonel Beauvrille, ravi. Je porte exactement les mêmes vêtements depuis ma plus tendre enfance. Regarde !

Il traversa la pièce pour aller ouvrir une grande penderie. Dedans, il y avait des rangées et des rangées de costumes de tweed, rangés par ordre de taille jusqu'au format géant. Il passa son doigt énorme sur le plus petit.

– Celui-ci était mon tout premier. Ma mère l'a

fait tailler pour moi lorsque j'avais deux ans. À dater de ce jour-là, je n'ai plus jamais rien porté d'autre.

Tandis qu'il se plongeait dans ses souvenirs, Billy enfonça la main dans la poche de la veste qu'il avait sur le dos et tâtonna. La poche était si vaste qu'elle évoquait davantage une taie d'oreiller. Les doigts du garçon trouvèrent quelques piécettes, un mouchoir en tweed, mais pas ce qu'il cherchait.

Puis, tout au fond de la poche, il tomba sur le gros lot. La clé. La seule et unique clé. Celle qu'il avait vu le colonel utiliser la veille au soir. Il la serra bien fort dans sa main et se demanda que faire ensuite. Car, rappelons-le, il n'avait toujours qu'un demi-plan.

– Je devrais pouvoir en dégoter un à ta taille, continua le colonel en se penchant dans la penderie. Oh, tu vas être magnifique. Comme j'ai hâte de t'empailler !

Tandis que le géant s'engageait plus profondément dans la penderie, Billy saisit sa chance. Il se débarrassa de la veste et se rua sur le colonel, le heurtant aux jambes de toutes ses forces. Cela fit un peu l'effet d'un petit pois heurtant une enclume : un effet imperceptible, mais qui suffit pourtant à déséquilibrer le colonel. Celui-ci oscilla, vacilla et, dans un vacarme assourdissant, dégringola dans la penderie et s'écroula sous une avalanche de tweed.

Il poussa un rugissement. Pas de douleur, mais de fureur.

– Attends un peu que je mette la main sur...

Billy claqua la porte de la penderie, traversa la pièce à toutes jambes et, d'une main tremblante, tâcha d'enfoncer la clé dans la serrure.

– Allez, Billy, allez ! se dit-il à lui-même.

Le colonel Beauvrille rouvrit le placard d'un coup de pied. Les portes sortirent de leurs gonds et s'écrasèrent par terre. Des vestes, des knickers et des gilets volèrent en tous sens tandis que l'homme luttait pour s'en dégager. On aurait dit qu'un volcan de tweed était entré en éruption dans la pièce.

Enfin, Billy parvint à enfoncer la clé. Les doigts toujours tremblants, il la fit tourner et…

Plaf ! Le colonel abattit ses mains massives des deux côtés de sa tête et le souleva du sol. Les jambes du garçon s'agitaient en l'air, comme celles d'une poupée impuissante.

– Oh, je vais adorer t'empailler, se moqua le géant en lui serrant la tête bien trop fort.

Billy sentit sa mâchoire grincer. Ses globes oculaires avaient envie de s'échapper. Son crâne allait imploser.

Comment le colonel Beauvrille aurait-il pu savoir que la tête de Billy était couverte de beurre glissant ? Alors qu'il augmentait la pression, ses mains dérapèrent et ses deux poings se précipitèrent dans sa figure, le mettant K.-O. illico.

Pour la seconde fois en peu de temps, Billy tomba lourdement au sol.

À côté de lui, le colonel Beauvrille gisait sur un nid de tweed.

29.

UN MINUS, UNE VIEILLE BRANCHE ET UN LAITIER

Billy referma à clé derrière lui et se rua dans l'escalier. Il monta jusqu'à la pièce où était enfermée Mme Mandiddy et la libéra. Il lui relata rapidement les derniers événements.

– Tu l'as assommé ? s'écria-t-elle.

– Je crois. Enfin, plutôt, il s'est assommé lui-même.

– Tant mieux. Cet homme n'est qu'un tyran de cour d'école qui a trop grandi.

Ils redescendirent en quatrième vitesse et reprirent le corridor aux affreux ancêtres. En passant devant le goûter du taxidermiste, Billy s'arrêta soudain pour flairer l'atmosphère.

– Qu'est-ce que ça sent ? C'est délicieux !

Mme Mandiddy désigna un grand plateau en argent posé au centre de la table. Il était couvert de victuailles plus appétissantes les unes que les autres : fruits exotiques, bacon, petites saucisses, œufs pochés, pain perdu, tout le tralala.

– Le colonel Beauvrille n'a pas chômé, fit remarquer la vieille dame. Ce n'est plus un goûter, c'est un vrai petit déjeuner à l'anglaise. Et regarde ! Les animaux ! Ils ont changé.

Elle avait raison. Une toute nouvelle série de convives était réunie autour de la table. Le cochon, la poule et le cheval avaient disparu. Désormais, une lionne à gants de velours présidait l'assemblée. À côté d'elle, à la place de la poule, il y avait une taupe habillée en enfant de chœur. En face, le cygne aux ailes déployées que Billy avait vu sur la photo occupait trois places. Un morse buvait du vin, et une loutre reniflait une bouteille de ketchup à côté d'un oiseau étrange au gros bec recourbé.

– C'est un dodo, dit Mme Mandiddy. Sans doute celui dont parlait le colonel Beauvrille. Le dernier dodo de la Terre, empaillé par son arrière-grand-père.

Billy regarda de plus près. L'oiseau portait une perruque et arborait une expression dépitée. Son assiette, contrairement à celles des autres, était vide.

– Tu crois que le colonel mange avec des animaux différents tous les jours ? demanda Mme Mandiddy.

Mais Billy en avait assez vu.

– Partons. Je crois savoir où trouver Chat-en-Vrac.

Christopher Chausson les attendait avec angoisse dans sa camionnette.

– Dieu merci, vous êtes sains et saufs ! leur dit-il avec bonheur, en faisant à Billy le plus gros câlin du monde.

– Papa ! Tout va bien.

– J'ai essayé d'entrer, mais tout était fermé. J'étais sur le point d'aller chercher de l'aide, ajouta son père sans desserrer son étreinte.

– Ça va, papa.

À cet instant précis, un rugissement à vous tourner les sangs s'éleva de la chambre du colonel Beauvrille. Il venait de revenir à lui avec un très gros mal de tête. Toujours allongé par terre, il s'efforçait de reconstituer ce qui s'était passé : pourquoi il avait une telle migraine, pourquoi il avait les mains grasses, pourquoi il était enfoui dans le tweed… puis il se rappela.

– Cette demi-portion… Je vais l'étrangler !

Il s'appuya contre son meuble de toilette pour reprendre son équilibre. Un battement lancinant lui martelait l'intérieur du crâne. Il avait beau avoir été champion de boxe dans l'armée, jamais personne ne l'avait frappé avec une telle force. Il voulut ouvrir la porte, mais constata qu'elle était fermée à clé. Il tituba alors jusqu'à la fenêtre et poussa de côté le rideau de vigne vierge.

– Ah, vous voilà, tous les trois. Vous formez une belle équipe ! Un minus, une vieille branche et un laitier. Savez-vous ce que je ferai en sortant d'ici ? (Il n'attendit pas de réponse.) Je vous empaillerai vivants, un par un, et ensuite je vous étriperai, morceau par morceau, et je vous donnerai à manger aux oiseaux. Et si les oiseaux ne veulent pas de vous, je vous donnerai aux poissons. Vous ferez un *meuuurveilleux* aliment pour poissons. (Il passa avec difficulté son gros bras par la fenêtre et pointa le doigt vers Billy.) Et toi, je te garde pour la fin. C'est gentil, n'est-ce pas ? À présent, si vous voulez bien m'excuser, je m'en vais défoncer la porte.

Tout ce qu'ils entendirent fut un gros BOUM, BOUM, BOUM lorsque le colonel Beauvrille chargea, encore et encore, contre le battant, tel un animal enragé s'énervant contre sa cage.

Il n'y avait pas une seconde à perdre. Billy traversa la cour à toutes jambes et utilisa la clé pour ouvrir la porte qu'il avait vu le colonel franchir la nuit précédente.

– Où vas-tu ? lui cria son père. Il faut qu'on s'en aille, vite !

– Mais Chat-en-Vrac est ici, j'en suis sûr ! répondit Billy en tournant la clé.

– Ton père a raison, Billy, il faut partir, insista Mme Mandiddy. (Un nouveau BOUM puissant secoua les murailles du château.) Cette porte ne tiendra plus très longtemps.

Quatre-vingt-dix-neuf fois sur cent, Billy écoutait son amie. Mais pas cette fois. Il ne partirait pas sans Chat-en-Vrac.

– Donnez-moi cinq minutes. S'il vous plaît !

Christopher Chausson contempla son fils.

– Cinq minutes. Et si tu n'es pas de retour, je viens te sortir de là par la peau du cou.

30.

LE PARADIS DU TAXIDERMISTE

Billy ouvrit et jeta un regard à l'intérieur. Une courte volée de marches descendait vers une cave. L'air y était chaud et odorant comme un bol de soupe de légumes pourris.

– Chat-en-Vrac ! cria-t-il.

Pas de réponse.

La cave ressemblait à n'importe quelle vieille cave. Des étagères poussiéreuses couvertes de bocaux vides et de bouteilles en plastique dont l'étiquette se décollait ; par terre, des sacs en toile remplis de vieux légumes : patates, oignons, choux, plus vraiment très frais. Billy se baissa pour passer sous une poutre en bois et gagna le fond de la pièce. Encore des étagères, encore des bocaux pleins de vieux clous, des outils couverts de toiles d'araignées abandonnés depuis longtemps. Dans le coin le plus reculé, un vieux lit d'enfant en fer, avec une tête de lit ouvragée et de fins pieds métalliques. Le lit était parfaitement fait. Un ours en peluche tout pelé attendait même sur l'oreiller que quelqu'un vienne se coucher. Mais pas de Chat-en-Vrac.

Billy entendait les coups sourds du colonel Beauvrille s'acharnant contre la porte de sa chambre. Dans très peu de temps, celle-ci serait réduite en petit bois et le géant fou serait libre. Billy s'assit sur le lit, vidé, épuisé, malheureux. Il avait promis à son chat de veiller sur lui, et il avait échoué. Comme le dodo, Chat-en-Vrac ne serait bientôt plus qu'un jouet à la table du colonel Beauvrille. Il aurait peut-être été préférable que quelqu'un d'autre le trouve au pied du mont Tourneboule ce jour-là, quelqu'un qui se serait bien occupé de lui. Sa mère avait raison, il n'était qu'un idiot qui rapportait des déchets à la maison et remplissait sa chambre de bric-à-brac. Il imagina son bric-à-brock étalé par terre. Aucune valeur, comme tout ce qui se trouvait dans cette cave.

– Billy ! cria son père en haut des marches. Il faut qu'on parte. Dépêche-toi !

C'était fini. Il était temps de rentrer. Sans Chat-en-Vrac.

Lorsque Billy se leva, un gros papillon de nuit s'envola de l'oreiller et alla se cogner au hasard partout dans la cave avant de se poser sur un vieux rideau défraîchi, suspendu à l'autre bout du lit.

– Un rideau ? Il n'y a pourtant pas de fenêtres dans les caves, se dit-il à lui-même.

Il le tâta du pouce. Derrière, c'était dur. Le papillon de nuit redécolla et vint voleter devant son visage. Billy écarta lentement le rideau, révélant une porte en métal brillant. Ne voyant ni poignée ni serrure, il la poussa de l'épaule. La porte céda sans résistance.

Billy pénétra alors dans une vaste salle circulaire, puissamment éclairée par des rangées de projecteurs fixés au plafond. Le sol était en marbre blanc, et au milieu trônait une grande table en acier inox couverte de scalpels, de scies aux dents aiguisées comme des rasoirs, assez robustes pour couper des os. Tout était immaculé, froid et stérile. Un paradis pour les taxidermistes.

Le long des murs incurvés se trouvaient des cages, par dizaines, toutes garnies d'épais barreaux. Presque toutes étaient occupées : des lapins, une autruche, un tigre, des suricates, un koala. À peu près toutes les créatures imaginables étaient enfermées là.

Aucun de ces animaux ne faisait le moindre bruit. Ils étaient sans vie, et contemplaient Billy d'un regard fixe. Ils le regardaient sans le voir.

Le garçon aperçut un singe tricoteur, immobile dans sa cage. Celui-ci regardait à travers lui comme s'il n'était pas là. La créature vive et animée qu'il avait vue au concours n'était plus qu'une coquille vide. Dans la cage contiguë logeait le tout petit hippopotame. Billy passa ses doigts entre les barreaux.

– Bonjour, toi, murmura-t-il en espérant de toutes ses forces le voir réagir.

Mais l'hippopotame resta comme statufié, avec son regard mort et vitreux.

Puis, enfin, Billy trouva ce qu'il cherchait.

– Chat-en-Vrac !

Rien. Aucune réaction. Comme si Billy était invisible.

Il en eut la nausée. Il arrivait trop tard. Chat-en-Vrac n'était plus Chat-en-Vrac ; rien qu'un nouvel animal empaillé dans la collection du colonel Beauvrille.

Le garçon souleva le loquet et ouvrit la cage. Quoi que le colonel ait fait à son chat, il n'était pas question de le laisser là.

– Je suis venu te sortir d'ici, annonça Billy en se retenant de pleurer. Je te ramène à la maison.

Alors, en passant le bras à l'intérieur, le garçon comprit que quelque chose clochait. Si Chat-en-Vrac était empaillé, que faisait-il encore dans une cage ? Il ne risquait plus de s'évader s'il était bourré de vieux journaux ou de crasse de nombril. En ce moment, il aurait dû se trouver à la table de petit déjeuner du colonel Beauvrille, avec les autres bêtes empaillées. Ce n'était pas logique.

Le cœur de Billy s'emballa. Osant à peine espérer, il posa la main sur le ventre du chat. Celui-ci était tiède.

– Chat-en-Vrac ! Tu m'entends ? C'est moi, Billy. Billy Chausson !

Il saisit une des pattes du chat et la pressa. Mais

Chat-en-Vrac ne réagit pas. La patte glissa de sa main et retomba mollement.

– Mais qu'est-ce que tu as ? Réveille-toi !

Billy s'introduisit dans la cage, posa sa tête contre le ventre du chat et guetta un battement de cœur. Il ignorait totalement où se trouvait le cœur des chats, même quand ils n'étaient pas en vrac, mais il ferma quand même les yeux et se concentra de toutes ses forces.

– Allez, allez, où est-il ? se demanda-t-il en collant l'oreille contre la fourrure rousse.

Comme il changeait de position, un marshmallow qui était resté collé dans ses cheveux roula du dessus de sa tête et se balança, tentateur, juste devant le petit nez de Chat-en-Vrac. Le nez tressaillit. Puis la langue du chat jaillit de sa gueule et lui donna un petit coup, qui le fit osciller au bout du cheveu. Un instant plus tard, comme pour pousser un énorme bâillement, la gueule du chat s'ouvrit, s'ouvrit, s'ouvrit, et soudain : SNAP ! se referma brusquement sur la friandise rose et moelleuse.

Billy fit un bond si brusque qu'il se cogna l'arrière de la tête contre le plafond de la cage.

– Aïe ! cria-t-il.

– Mmmm, fit Chat-en-Vrac, indifférent à sa douleur. Ch'est bon, cha.

Billy sortit à reculons de la cage en se frottant la tête.

– Chat-en-Vrac ! Tu es vivant !

– Évidemment que je suis vivant. Bon, qu'est-ce que tu as d'autre ? Je meurs de faim.

– J'ai cru que tu étais empaillé. Tu ne bougeais pas, et je n'entendais pas ton cœur, et...

– Ouais, ouais, c'est ça, le coupa le chat. Écoute, je suis traumatisé. Il faut que je mange. Tout de suite !

Billy le prit dans ses bras et l'embrassa.

Chat-en-Vrac renifla un autre marshmallow, celui-là collé à son front, et l'engloutit.

Il était bien toujours le même.

Il fallut moins d'une minute à Billy pour ouvrir toutes les cages, mais les autres animaux ne bougeaient toujours pas.

Le garçon grimpa sur la table en acier inox et les supplia.

– Je vous en prie ! Allez ! Vous êtes libres ! Il ne faut pas rester ici.

Il tapa du pied contre la table. Le bruit résonna

fortement dans la salle, mais pas une créature ne cilla.

Christopher Chausson apparut à la porte.

– Billy, il faut vraiment partir, tout de suite.

– Papa, ils ne bougent pas. Qu'est-ce qu'ils ont ?

– On ne peut plus attendre, Billy.

– Mais…

Les yeux du garçon s'emplirent de larmes, mais son père avait raison. Il fallait fuir.

Il se baissa et ramassa Chat-en-Vrac.

– Pitié ! Partez ! plaida-t-il tristement une dernière fois.

Mais ce fut en vain. Tous les animaux restèrent immobiles comme des statues.

Christopher Chausson enlaça les épaules de son fils.

– Tu ne peux rien faire de plus. Ils sont probablement anesthésiés, et on ne peut pas tous les porter.

– Mais Chat-en-Vrac s'est réveillé, lui… pourquoi pas les autres ?

Il regarda son chat, occupé à lécher avec appétit les restes de guimauve collés à son museau. Soudain, les yeux de Billy se mirent à briller comme des étoiles.

– C'est ça ! Les marshmallows !

– Comment ça, les marshmallows ? s'étonna son père.

– C'est leur odeur qui a réveillé Chat-en-Vrac, j'en suis certain ! (Billy ne se tenait plus de joie.) On va peut-être pouvoir ranimer les autres, finalement. Il nous faut plus de marshmallows !

Il se palpa fiévreusement le crâne.

– Papa, vite, est-ce que j'en ai encore sur moi ?

Christopher Chausson prit la tête de son fils entre ses mains et passa les doigts dans ses cheveux.

– Je ne vois rien. Tourne-toi.

– Pas la peine de chercher, je les ai tous mangés, intervint paresseusement Chat-en-Vrac. Et il y avait un cheveu dans l'un d'entre eux. Dégoûtant ! J'ai failli m'étouffer dessus.

Mais Billy ne l'écoutait pas. Sa cervelle faisait déjà des étincelles, cherchant des idées toutes plus farfelues les unes que les autres pour réveiller la ménagerie.

Soudain, une idée lui sembla moins ridicule que les autres.

– Ça peut marcher ! lança-t-il tout en fourrant le chat dans les bras de son père. Je reviens tout de suite, papa, promis !

Et avant que celui-ci ait pu le retenir, il partit en courant à travers la cave, monta les marches et fila dans la cour.

– As-tu retrouvé Chat-en-Vrac ? lui cria Mme Mandiddy lorsqu'il passa devant elle en courant.

– Oui ! On l'a, il va bien.

– Alors où vas-tu ?

Pas le temps de s'expliquer. Billy continua de

courir et s'arrêta en dérapage contrôlé devant la porte n° 11. À l'intérieur, le petit déjeuner du taxidermiste battait encore son plein. Billy se faufila entre le cygne et le morse, tendit les deux bras et souleva le grand plateau en argent couvert de victuailles odorantes. Impossible de résister à de tels délices. Le garçon se fourra une saucisse dans la bouche et ressortit à toutes jambes en tenant le plateau devant lui.

Lorsqu'il repassa devant Mme Mandiddy, elle demanda, non sans raison :

– Est-ce que quelqu'un pourrait m'expliquer ce qui se passe ?

Avec une saucisse dans la bouche, toutefois, Billy ne pouvait pas lui répondre grand-chose.

– Kluflar, parvint-il à lui lancer en projetant des miettes de saucisse sur le gravier.

Il voulait dire « plus tard », mais Mme Mandiddy n'avait aucun moyen de le comprendre.

– Kluflar ? Quoi ? lui cria-t-elle. Et tu ne trouves pas que le petit déjeuner peut attendre ?

Mais déjà Billy redescendait à toute allure dans la cave, secouant les œufs et les saucisses sur le plateau en se baissant pour passer sous la poutre et rejoindre le laboratoire.

– Tu as perdu la tête ? s'écria Christopher Chausson en voyant le plateau du petit déjeuner. Il faut qu'on parte d'ici, ce n'est pas le moment de manger !

Un gigantesque BOUM étouffé secoua la pièce souterraine.

– Je t'en prie, papa, je sais que ça va marcher, répondit Billy en posant le plateau sur la table en acier. Encore une minute de patience.

La salle s'emplit rapidement d'un délicieux fumet de viande, d'œufs, de fruits. Billy agita les mains pour répandre ces délicieuses odeurs dans tous les coins.

Un long filet de bave s'écoula de la gueule de Chat-en-Vrac.

– Je n'en peux plus, donne-moi une saucisse, miaula-t-il plaintivement.

– Chut ! Regarde !

Et pour une fois le chat l'écouta, car, de manière miraculeuse, les animaux commençaient à s'éveiller. Le singe tricoteur fut le premier : son museau frémit, ses yeux s'ouvrirent en papillotant.

– Ça marche ! s'exclama Christopher Chausson. Billy, tu es un génie !

Le singe étira ses bras maigres et gratta son derrière velu. Avec un bâillement sonore, il sortit de sa cage et s'approcha à petits pas du plateau. Billy prit un œuf poché et le lui mit dans la main.

– Les singes mangent des œufs ? s'étonna son père.

– J'en veux bien s'il n'en veut pas, proposa Chat-en-Vrac.

Le singe fit rouler l'œuf dans ses doigts habiles, le renifla, et l'engloutit tout entier.

Peu à peu, les autres animaux montrèrent des signes de vie. Les lapins se grattèrent ; le tout petit hippopotame renifla ; l'autruche gonfla ses plumes. Un par un, ils se glissèrent prudemment hors de leurs cages.

– Je montre le chemin ! lança Christopher Chausson en prenant la main du singe tricoteur. Fiston, tu passes en dernier.

De joyeux cris d'animaux commencèrent à emplir la salle. Billy se mit à les pousser vers la sortie.

– Voilà, c'est bien. Ne vous arrêtez pas. Allez, les suricates. Ne pousse pas, le tigre ! Suis le laitier. Tout va bien, c'est mon père.

Ils filèrent les uns derrière les autres. Il ne restait plus que le tout petit hippopotame, trop petit pour sortir seul de sa cage. Billy le prit au creux de sa main et se dirigea vers les marches.

C'était un spectacle à couper le souffle : des créatures délirantes par dizaines, caracolant dans la cour, fêtant leur libération. L'autruche courait en tous sens, poursuivie par les lapins. Le kangourou bondissait haut dans les airs pour exécuter des doubles sauts périlleux. Le singe tricoteur grimpa sur le toit de la Rolls-Royce pour tambouriner sur son torse. Un berger allemand qui perdait ses poils aboyait en courant après sa queue. Un aigle et un perroquet se poursuivaient gaiement au-dessus du château, plongeant en piqué et tournoyant autour du donjon, et le tigre, feulant avec orgueil, fila sous la herse ouverte pour rejoindre les grands espaces de la campagne. Depuis l'entrée de la cave, Billy observait ce joyeux chaos. S'il y avait jamais eu une fête dans l'arche de Noé, elle avait dû ressembler à cela.

31.

LA HERSE

À l'intérieur du château résonna soudain un fracas à tout casser. CRAAAC ! Le colonel Beauvrille était libre. La fête était finie.

Mme Mandiddy faisait des moulinets avec les bras pour rassembler les animaux et les inciter à passer sous la herse.

– Allez, vite, vous tous ! On ne perd pas de temps ! Sortez, sortez !

Billy et son père entassèrent le plus de créatures possible dans la camionnette de laitier. Chat-en-Vrac sur le siège avant avec le tout petit hippopotame, le koala et l'écureuil roux derrière, les suricates dans les caisses à bouteilles, et les ratons laveurs dans la glacière à beurre. Le singe tricoteur rebondit sur la Rolls-Royce et se fit une petite place à côté de Chat-en-Vrac.

Tout à coup, on entendit un terrible vacarme de chaîne métallique.

– Qu'est-ce que c'est que ce bruit ? glapit Mme Mandiddy.

Christopher Chausson montra du doigt la herse, qui descendait lentement, coupant la seule issue pour sortir du château.

Rapide comme l'éclair, il bondit dans le véhicule et écrasa l'accélérateur, mais les camionnettes de laitier ne sont pas faites pour la vitesse, surtout quand elles sont chargées d'animaux variés. Billy courut derrière et poussa de toutes ses forces.

– On n'y arrivera jamais ! cria Christopher Chausson.

Il avait raison. La herse était déjà à demi descendue.

Le colonel Beauvrille fit irruption dans la cour et observa le spectacle avec le plus grand calme. Il n'y avait aucun autre moyen de quitter le château de Mortejoie, et il le savait bien. Aussitôt que la herse serait fermée, il aurait tout son temps pour exécuter sa vengeance. Et en plus, il prenait plaisir à les voir paniquer.

– Oh, ça alors. Aurais-je déclenché la herse ? Suis-je bête. On dirait que vous avez des ennuis. Puis-je faire quelque chose pour vous aider ?

Il n'arrivait pas à contenir ses éclats de rire.

Mme Mandiddy courut devant la camionnette et s'arrêta pile sous la herse. Elle l'attrapa et tenta de la repousser vers le haut. Ses vieux muscles fripés tremblèrent, mais la herse poursuivit sa descente lente et implacable, la forçant à se mettre à genoux. Comment aurait-elle pu l'arrêter ? Elle avait tout de même bien plus de quatre-vingt-dix ans, et ne pouvait même pas porter une théière sans en renverser la moitié.

C'est alors qu'il se produisit quelque chose d'incroyable.

Parfois, dans les journaux ou à la télévision, on entend parler de personnes qui, placées dans des circonstances extrêmes, exécutent des actes surhumains : une mère qui déplace une voiture quand son bébé est coincé dessous, ou une vieille dame repoussant une bande de malfrats à l'aide de son seul sac à main, ce genre de choses. C'est tout simplement inexplicable.

Et ce qui arriva alors ne s'explique pas du tout. Cela arriva, c'est tout.

Le spectacle de cette vieille femme rachitique essayant de soulever la herse amusait énormément le colonel Beauvrille.

– Ah, bravo ! dit-il en applaudissant avec ironie. C'est bien, soulevez ! Ho, hisse !

À travers la cour, elle fusilla du regard son tortionnaire. Son visage vira au rouge betterave, et ses joues se tordirent de rage.

– J'ai toujours su que ce serait une perte de temps de vous empailler, continua le géant. C'est bien ce que je pensais, vous n'êtes qu'une brindille. Un vieux bout de bois, voilà ce que vous êtes, se moqua-t-il.

Mais à chaque moquerie, à chaque parole de dérision, Mme Mandiddy se sentait devenir plus forte. Si le colonel Beauvrille l'avait compris, il se serait tu sur-le-champ. Mais il n'en fit rien.

– C'est bien, ma chère, laissez donc la herse vous broyer. Cela m'épargnera la peine de construire un feu pour vous brûler, vieille branche !

Ce fut le mot de trop. Mme Mandiddy souleva de toutes ses forces, et, comme par miracle, la herse s'immobilisa. La vieille dame à genoux se remit sur ses pieds. Le mécanisme protesta en grinçant. Les bras de la femme se verrouillèrent ; ses épaules devinrent des rocs et, centimètre par centimètre, la herse commença à remonter. Les bras tendus à fond au-dessus de la tête, Mme Mandiddy éclata

d'un grand rire, comme si elle faisait la chose la plus facile au monde, comme si elle ne tenait qu'un sac de plumes au-dessus de sa tête.

– Ne restez donc pas planté là ! tonna-t-elle. Sortez, et en vitesse !

Christopher Chausson obéit sans se faire prier. Les dents de la herse raclèrent contre le toit de la camionnette lorsqu'elle passa dessous.

– Tout le monde est passé ! souffla Billy. Vous pouvez lâcher !

Mais Mme Mandiddy ne lâcha pas la herse.

– C'est bon, madame Mandiddy, lâchez, maintenant.

Elle n'écoutait pas. Elle était comme un torero : forte et ignorant la peur. Elle regarda le colonel Beauvrille droit dans les yeux.

– Allez viens, petite brute. Viens me chercher ! Alors quoi, on a peur de la vieille branche ? (Elle haussa encore la voix.) Moi, je crois que tu n'es qu'un gros tas de poltronnerie.

Jamais personne n'avait traité le colonel Beauvrille de gros tas de poltronnerie. Il souffla par les naseaux tel un taureau furieux et racla le gravier de son pied, soulevant un nuage de poussière. La sueur lui coulait sur le front et lui piquait les yeux. Son corps entier était agité de tics nerveux, et il se prépara à charger.

– Vous le regretterez, grogna-t-il. Je vais vous faire regretter d'être venue au château de Mortejoie.

Et là, avec un mugissement bovin, il chargea. Pour un homme aussi énorme, il se déplaçait avec une rapidité étonnante. En quelques secondes, il avait déjà traversé la moitié de la cour et prenait de la vitesse.

Billy supplia Mme Mandiddy.

– Qu'est-ce que vous faites ? Lâchez cette herse !

Elle tint bon. Le colonel Beauvrille se rapprochait à toute allure. Fou de rage, le costume en bataille, la chevelure écumante : il était la Bête du château de Mortejoie. Il voyait le blanc des yeux de Mme Mandiddy et les rides de son cou, ce même cou qu'il s'apprêtait à serrer et à étrangler. Alors qu'il tendait les mains vers elle, elle recula d'un pas et lâcha la herse.

Pour la seconde fois de la journée, le colonel Beauvrille s'assomma lui-même. Il heurta la grille métallique vieille de cinq cents ans avec une telle violence que l'empreinte de son corps y resta imprimée en creux.

Mme Mandiddy baissa les yeux vers le tas de tweed et de barbe qui gisait, inconscient, à ses pieds.

– Pas mal, pour une vieille branche, dit-elle en se frottant les mains. Pas mal du tout.

32.

UN LÉOPARD ET UN ESCARGOT

La campagne pétillait de vie. Les fleurs des champs se dressaient haut vers le ciel, les oiseaux filaient dans les haies vives, la brise d'été remuait les branches des chênes centenaires et faisait onduler les hautes herbes.

La camionnette du laitier, bourrée à craquer de créatures exotiques, évoquait un de ces cirques ambulants qui passent de village en village. Les voitures qui la croisaient ralentissaient pour mieux voir. Certaines klaxonnaient, leurs occupants faisaient des signes. Billy les leur rendait bien. Il ne se rappelait pas un jour plus heureux dans sa vie.

Non seulement il avait sauvé Chat-en-Vrac, mais il l'avait fait avec sa meilleure amie et son père : son équipage de pirates sanguinaires ! Il tourna les yeux vers Mme Mandiddy, profondément endormie, la tête posée sur l'épaule du singe tricoteur. Elle paraissait si frêle ! Une vraie petite vieille. On avait peine à imaginer que, peu avant, elle avait soulevé un poids dix fois supérieur au sien. Installé entre eux deux, Chat-en-Vrac se léchait une patte. Son aspect était décidément étonnant, comme s'il avait été dessiné par un enfant doté d'un étrange sens de l'humour. Billy lui caressa le ventre – du moins, il espérait que c'était bien cela.

– Tu voudrais sans doute que je te remercie de m'avoir sauvé, dit le chat.

Billy haussa les épaules. Incroyable mais vrai : c'était la première fois que Chat-en-Vrac voulait bien reconnaître qu'il avait fait quelque chose pour lui. Dans la logique tordue de cet animal, c'était déjà une forme de remerciement. Billy s'adossa dans son siège et sourit.

– Ça ne veut pas dire qu'il faut arrêter de me caresser le ventre, ajouta la créature.

Billy continua donc, jusqu'à ce que Chat-en-Vrac s'endorme. Le garçon aussi avait sommeil, mais il était bien décidé à rester éveillé. Il voulait se rappeler cette journée jusqu'au moindre détail : les grognements enjoués du tout petit hippopotame quand le singe chatouillait son museau épais, les doux ronflements de Mme Mandiddy. Il voulait se rappeler la manière dont l'alliance de son père brillait dans le soleil quand il tournait le volant. Il voulait se rappeler cette sensation de bonheur, car ces instants-là ne vieillissent jamais.

– Billy, réveille-toi !

Il ouvrit les yeux. Pendant un instant, il ne comprit pas du tout ce qu'il faisait dans une camionnette de laitier, en pleine campagne, un singe endormi sur les genoux.

– Que se passe-t-il ? demanda-t-il d'une voix ensommeillée.

– Nous avons de la compagnie, lui apprit Christopher Chausson en pointant le doigt vers l'arrière.

Billy regarda. Il n'y avait rien derrière eux ; rien qu'une petite route tranquille qui disparaissait au loin dans les derniers rayons du soleil. Mme Mandiddy s'éveilla, elle aussi.

– Qu'est-ce que tu regardes ?

À ce moment-là, une Rolls-Royce noire surgit d'un virage en faisant crisser ses pneus, et accéléra à une vitesse féroce dans leur direction. Imaginez un léopard poursuivant un escargot : la poursuite fut terminée en quelques secondes. Le colonel Beauvrille passa la tête par sa fenêtre. Sa barbe claqua dans le vent tel un cerf-volant coincé en haut d'un arbre.

– Quelle surprise de vous trouver ici, et par une si belle soirée ! rugit-il.

Il avait le visage meurtri, et une grosse bosse de dessin animé sur le front.

– Auriez-vous la bonté de vous arrêter ? Je voudrais une bouteille de lait. Demi-écrémé, ça ira très bien, ajouta-t-il en gloussant comme une écolière dissipée à la messe.

Bien sûr, Christopher Chausson continua de rouler le plus vite possible, c'est-à-dire pas très vite.

Le colonel Beauvrille s'amusait comme un petit fou.

– Pas de lait aujourd'hui ? Quel dommage. J'aurais tant aimé boire un chocolat chaud avant d'aller me coucher. Bah, tant pis, il me faudra traire la vache moi-même.

Il appuya sur le champignon, et chargea.

– Accrochez-vous ! cria Christopher Chausson tandis que la Rolls-Royce les percutait.

L'arrière de la camionnette fut soulevé en l'air, puis retomba avec un choc colossal. Les caisses se fracassèrent dans le fond, un suricate fut projeté jusque sur le talus herbeux, le singe dégringola sur Chat-en-Vrac, mais Christopher Chausson parvint à garder le cap.

Billy n'avait pas peur, il était furieux. Il n'avait pas fait tout cela pour finir écrasé par un fou.

– Continue de conduire, c'est tout, dit-il à son père.

Et il passa par-dessus son dossier pour rejoindre l'arrière de la camionnette.

Le colonel Beauvrille s'était remis à crier.

– Je ne veux que le chat ! Vous autres, vous pouvez regagner vos petites maisons minables et vos petites vies minables. Donnez-moi le chat !

Billy s'empara d'une bouteille de lait qui roulait à ses pieds.

– Chat-en-Vrac est à moi ! clama-t-il en jetant la bouteille de toutes ses forces contre la Rolls.

Elle se fracassa sur le capot, projetant du lait et du verre brisé plein le pare-brise.

Le colonel Beauvrille actionna ses essuie-glaces.

– J'avais demandé du demi-écrémé ! Celui-ci m'a l'air trop gras. Je dois surveiller ma ligne, mon médecin est formel !

Et il lui suffit d'effleurer son puissant accélérateur pour percuter de nouveau la camionnette.

– Oups !

Billy, déséquilibré, tomba au sol. Les portes des glacières s'ouvrirent à la volée, crachant du beurre et des ratons laveurs. Le véhicule fut bientôt inondé de jus d'orange et de lait, qui clapotaient d'un côté à l'autre dans les virages.

– Ça va ? brailla Mme Mandiddy.

– Impeccable ! répondit Billy tout en se remettant péniblement sur pied. Voulez-vous vous joindre à moi ?

Comme si elle venait d'être invitée à la plus belle réception de la ville, elle escalada son propre siège et prit position à côté du garçon.

– Prête ?

– Prête !

Et elle ramassa quatre paquets de beurre.

– À mon commandement… Feu !

Une pluie de jus d'orange, de beurre et de lait s'abattit sur l'auto du colonel Beauvrille, repeignant peinture noire et lustrée en blanc, jaune et orangé. Le colonel poussa la vitesse des essuie-glaces au maximum pour affronter ce déluge de produits laitiers et fruitiers. Tôt ou tard, ils arriveraient à court de munitions, et quand ce moment viendrait, il n'aurait plus qu'à acculer la camionnette sur le bord de la route pour s'emparer du chat.

Il n'eut pas longtemps à attendre. À l'exception d'un paquet de beurre entamé (les ratons laveurs avaient eu un petit creux), l'arrière du véhicule était désormais vide. Il n'y avait plus rien à jeter.

Le colonel Beauvrille passa de nouveau la tête par sa portière.

– C'est bon, vous avez fini ? Très bien. Et maintenant, à mon tour.

Il emballa le moteur.

C'était leur dernière chance. Billy plongea au sol, ramassa le paquet de beurre entamé et le projeta de toutes ses forces.

Le tir était parfait. Il atteignit le colonel en plein dans les yeux.

– Je n'y vois rien ! À l'aide !

La belle Rolls-Royce sortit de la route et défonça une clôture. On aurait dit une grosse limace métallique, traversant les hautes herbes en direction de la rivière au bout du champ. Le colonel, aveuglé par le beurre (et par un peu de bave de raton laveur), sentit sa voiture accélérer dans la pente. La Rolls plongea dans l'eau avec l'élégance d'un parpaing. Elle souleva de grandes gerbes d'eau avant de partir vers l'aval, entraînée par le courant.

– Où va cette rivière ? s'enquit Billy.

– Jusqu'à la mer ! répondit gaiement son père en accélérant toujours. Et maintenant, à la maison !

33.

EURÊKA

Il était très tard lorsqu'ils arrivèrent en ville. Le vent avait fraîchi et les premières gouttes d'une averse commençaient à tomber. Les rues étaient désertes, la ville endormie. Un renard traversa devant eux. Il s'arrêta pour les regarder, les yeux brillants et jaunes dans la lumière des phares, puis repartit en trottinant. Ils passèrent devant la Grande Salle des Fêtes. Des projecteurs illuminaient les colonnes, et le dôme de verre était éclairé de l'intérieur par une lumière pâle et crémeuse. Plus que jamais, l'édifice évoquait une méduse solitaire dérivant dans l'océan de la nuit.

Christopher Chausson s'engagea dans la rue qui menait chez eux, en bordure de la ville. Nul ne disait mot, mais tout le monde avait la même pensée en tête : Phillipa Chausson.

Comment lui expliquer tout ceci : le vol de la voiture, son abandon dans un fossé, complètement ratatinée, le fait de rapporter un chat déjà vendu, une camionnette pleine de lait à l'orange et de crotte de raton laveur, un mari rebelle, un fils désobéissant, une voisine qu'elle n'avait jamais aimée et une petite ménagerie d'animaux étranges ?

En un mot comme en cent, elle n'allait pas être contente.

La camionnette se gara devant chez Mme Mandiddy.

– Vous pourriez tous rester chez moi jusqu'à ce que ça se tasse, proposa-t-elle. Je suis sûre que les choses vont bientôt se calmer.

Mais elle savait très bien que Phillipa Chausson n'était pas du genre à se calmer. Il était connu que cette femme gardait une rancune à vie contre la plupart des habitants de la ville : le marchand de fruits et légumes, pour ses prunes trop chères, la bibliothécaire, pour avoir osé lui demander de parler moins fort, les enfants, parce qu'ils étaient trop jeunes. Jamais elle n'oublierait ou ne pardonnerait un tel capharnaüm.

Il pleuvait à verse, maintenant, et les gouttes tambourinaient sur le toit de la camionnette. Personne n'en descendit. C'était un peu comme si la pluie les protégeait des ennuis qu'ils devraient bientôt affronter. Tant qu'ils étaient assis dans l'habitacle, aucun mal ne pourrait leur arriver. Ils se blottirent les uns contre les autres. Billy aurait voulu qu'il pleuve pour toujours, car l'histoire ne pouvait pas se terminer bien.

Parfois, lorsqu'on se trouve face à un problème énorme, une idée vous vient en tête, tellement évidente, tellement brillante, qu'on se demande pourquoi on n'y a pas pensé plus tôt. On appelle cela

« un moment eurêka », et cela s'accompagne souvent d'un « Ah-haaa ! », comme pour dire : « Ça y est, j'ai la solution ! »

– Ah-haaa ! fit Billy en souriant d'une oreille à l'autre.

– Quoi donc ? s'enquit Mme Mandiddy.

– Ça peut marcher, dit le garçon sans répondre à la question. Papa, est-ce que ta camionnette est tout-terrain ?

Christopher Chausson observa la pluie battante.

– Je ne sais pas trop, je l'ai toujours conduite sur la route. Pourquoi ?

Billy avait les yeux brillants.

– On peut essayer ?

– Pour aller où ?

– Tu connais le chemin du mont Tourneboule ?

– Bien sûr, répondit son père en redémarrant le moteur.

Il alluma les essuie-glaces, fit demi-tour et s'en alla vers la colline.

Mindy ne trouvait pas le sommeil. Croyez-le ou non : Billy lui manquait. Son frère jumeau était peut-être le plus gros idiot du monde, mais la nuit elle aimait bien l'avoir auprès d'elle. Il y avait trop d'ombres noires. Trop de bruits bizarres. Elle imaginait les poupées de la cave aux cheveux brûlés mijotant leur vengeance et remontant dans sa chambre pour couper ses précieux

cheveux avec des ciseaux mal aiguisés. Et maintenant, pour couronner le tout, elle entendait des voix dehors.

– Les poupées de la cave ! Elles viennent m'attraper ! gémit la fillette en remontant sa couette jusqu'au menton.

Elle resta allongée sans bouger d'un millimètre, à écouter les voix étouffées qui montaient de la rue. Les rideaux bougèrent un peu lorsque la pluie redoubla de violence. La fenêtre ! Elle était ouverte ! Et si les poupées grimpaient le long de la gouttière pour entrer par là ? Si elle n'allait pas tout de suite la fermer, elle serait chauve le lendemain matin. Prenant son courage à deux mains, elle sortit de son lit et jeta un regard prudent dans la fente entre les deux rideaux.

Il pleuvait à seaux, mais, pour ce qu'elle pouvait distinguer, pas la moindre poupée ne brandissait des ciseaux. Un énorme éclair illumina le ciel. Et c'est ainsi qu'elle vit la camionnette.

– Mamaaaaaan ! brailla-t-elle de toute la force de sa voix geignarde. Ils sont revenus !

À mi-hauteur du mont Tourneboule, la camionnette du laitier hoqueta comme un vieux lave-linge et poussa son dernier souffle. Les camionnettes de laitier sont conçues pour se traîner lentement sur des chaussées lisses, et non pour permettre à des ménageries de fuir à travers champs. Billy descendit et poussa, mais en vain ; la pente était trop raide et l'herbe trop glissante. Ils devraient continuer à pied.

Billy prit la tête du cortège, suivi par Christopher Chausson, qui portait Chat-en-Vrac emmitouflé dans sa blouse blanche. Mme Mandiddy fermait la marche. La pluie leur fouettait le visage et le tonnerre secouait le sol sous leurs pieds.

– Vous n'avez pas un parapluie ? râla Chat-en-Vrac. Je suis un chat qui n'aime pas l'eau.

– Et moi, un laitier qui n'aime pas porter les

chats obèses, répliqua Christopher Chausson. Continue à pied, si tu préfères.

Il ne plaisantait pas. Chat-en-Vrac cessa de se plaindre.

Si quelqu'un avait vu cette étrange procession gravir le mont Tourneboule en pleine nuit et en pleine tempête, il aurait cru avoir la berlue. Un laitier, une vieille dame et un petit garçon, un chat-en-vrac caché sous une blouse, des suricates, un koala, des ratons laveurs, un berger allemand perdant ses poils, un singe, tous luttant pour monter cette côte détrempée… ce n'était pas vraiment la promenade typique du dimanche après-midi.

De grosses bourrasques leur envoyaient la pluie dans la figure et les trempaient jusqu'aux os.

– Et quel est le projet ? cria Mme Mandiddy pour se faire entendre malgré le vent, qui menaçait de l'emporter.

Billy se dit qu'elle devrait s'attacher une ficelle au bras, au cas où elle s'envolerait.

– Je vous le dirai quand on sera en haut.

La vérité, c'est que Billy commençait à douter de son plan. Plus il y songeait, plus cela lui semblait ridicule. Trop simple. Il croisa les doigts, et baissa la tête pour se protéger de la pluie.

34.

UN CHAT COMME N'IMPORTE QUEL CHAT

– Pas question ! protesta Chat-en-Vrac.

Billy tâcha de prendre sa voix la plus convaincante.

– Ça va marcher, j'en suis certain.

– Tu veux que je me jette du haut de la colline.

– Je peux te pousser un peu au démarrage. Et une fois arrivé en bas, tu seras réparé. Hop, plus de chat-en-vrac !

Chat-en-Vrac tendit le cou pour regarder en bas de la pente raide.

– C'est la chose la plus idiote que j'ai entendue de ma vie. Une fois en bas, je serai exactement comme maintenant, mais couvert de bleus et de bosses.

– Précisément, insista Billy. Quand je t'ai trouvé, tu n'avais pas le moindre bleu ni la moindre bosse. Tu ne te rappelles pas ? Tu n'avais pas mal, simplement tu étais en vrac. Alors si tu recommences, tu seras guéri. Et ça ne fera pas mal, je te le promets.

L'animal regarda Mme Mandiddy.

– Vous saviez que votre copain était complètement zinzin ? Il nous traîne jusqu'ici en pleine tempête. Je suis trempé. Vous aussi. Et tout ça pour quoi ? Pour me faire une fois de plus dégringoler de cette colline ! Plutôt manger ma queue.

– Je t'en prie, Chat-en-Vrac, plaida Billy.

– Et arrête de m'appeler comme ça, c'est un nom stupide. Tu ne pourrais pas plutôt me donner un nom normal, comme Simon ou Colin ?

Billy fut tenté un instant de ramasser le chat obstiné et de le jeter dans la pente sans autre forme de procès. Mme Mandiddy tenta une autre approche.

– Je t'achèterai tous les biscuits que tu voudras. Penses-y ! Fourrés crème anglaise, caramel, chocolat à la menthe...

Ses moustaches frémirent, mais il continua de résister.

– Hors de question.

Au moment où Mme Mandiddy envisageait de le ramasser et de le jeter dans la pente sans autre forme de procès, elle vit quelque chose. On aurait dit un fantôme, tout en blanc, qui avançait d'un pas glissant dans la nuit et la tempête. La vieille dame chassa la pluie de ses yeux pour mieux scruter le pied de la colline. Qui que ce soit, cette personne marchait vite, et droit vers eux.

Elle pointa le doigt.

– Regardez ! Qu'est-ce que c'est ?

Un formidable éclair zébra le ciel nocturne, éclairant la vallée entière. Ce n'était pas un fantôme. C'était bien plus terrifiant qu'un fantôme.

C'était Phillipa Chausson.

Elle traversait le champ à grandes enjambées, pieds nus et en chemise de nuit. Ses longs cheveux châtains, détachés et mouillés, lui fouettaient le visage. Elle brandissait une cuiller en bois, qu'elle agitait comme un sabre de samouraï. Elle évoquait de manière frappante un guerrier pris de folie, fondant sur sa proie.

En un rien de temps, elle eut rejoint la camionnette. La trouvant vide, elle chassa ses cheveux de son visage et regarda le sommet d'un air furieux.

– BILLY CHAUSSON ! mugit-elle. TU VAS AVOIR DE GROS ENNUIS !

Un frisson parcourut l'échine de Billy. Il avait déjà vu sa mère fâchée, en colère, et même livide de rage, mais jamais il ne l'avait vue ainsi. Son premier instinct fut de partir en courant – comment ne pas y penser ? –, mais il ne pouvait pas abandonner Chat-en-Vrac maintenant.

Alors il arriva un événement auquel Billy n'aurait jamais pensé assister un jour. Son père, le laitier silencieux, qui ne disait jamais un mot plus haut que l'autre, commença à descendre vers sa femme écumante de rage.

– Papa ! Qu'est-ce que tu fais ?

Christopher Chausson ne répondit pas. Il leva simplement une main, comme pour dire : « Ne t'inquiète pas, mon fils, je m'en occupe. »

Billy retint son souffle. Jamais il n'avait vu son père tenir tête à sa mère. Toute sa vie durant, il l'avait simplement vue, elle, le houspiller, lui, lui donner des ordres, le rabaisser. Un bref instant, il les imagina jeunes et heureux, courant l'un vers l'autre sur le flanc d'une colline battue par les vents. Pendant un bref instant de bonheur, il les imagina tombant dans les bras l'un de l'autre, puis il y aurait des larmes, des excuses et une bonne tasse de thé. Il se remémora son vœu, le soir où une étoile filante était passée au-dessus du jardin. Celui-ci allait peut-être se réaliser, tout compte fait...

Quel naïf, ce Billy ! Christopher Chausson n'avait pas une chance. Sans même ralentir, sa femme lui rentra dedans et le renversa comme une quille de bowling. Elle ne quittait pas des yeux son fils délinquant, et rien ne pourrait l'arrêter.

Le garçon s'accroupit dans l'herbe trempée à côté de Chat-en-Vrac et attendit son triste sort. Il n'y avait rien d'autre à faire. Il avait tout tenté pour aider son chat, mais il échouait sur le dernier obstacle. L'animal était tellement têtu qu'il ne voulait même pas s'aider lui-même. Billy regarda sa mère lui foncer dessus tel un train emballé, dans sa chemise de nuit gorgée d'eau. Il aurait dû être terrifié, mais il fut envahi par un calme étrange. Il comprit peu à peu qu'il n'avait tout simplement plus peur d'elle. Après ce qu'il avait traversé, il savait que désormais, pour la première fois, il avait la force de lui résister.

Les koalas sont des créatures plutôt inoffensives. Ils restent accrochés dans les eucalyptus, grignotent des feuilles, dorment, et en général n'embêtent personne. Mais ils peuvent se révéler extrêmement dangereux lorsqu'ils sont posés par terre au bord d'un ravin par une nuit de tempête. Ronds et gris, ils sont particulièrement difficiles à voir. Et Phillipa Chausson, en tout cas, ne vit pas du tout ce koala-là. Elle trébucha dessus, et s'envoya elle-même voler dans les airs tel un boulet de canon humain.

– Attention ! hurla Mme Mandiddy.

Billy se baissa lorsque sa mère passa au-dessus de sa tête. Ses cheveux collés par la pluie lui frôlèrent les épaules et sa chemise de nuit lui effleura le sommet du crâne. Elle griffa les airs, remua les bras, agita sa cuiller en bois. De sa main libre, elle parvint à agripper la queue de Chat-en-Vrac en dessous d'elle. L'animal stupéfait fut arraché au sol et entraîné avec elle. Ils continuèrent de voler, bras, jambes et pattes emmêlés. Ensemble, ils dégringolèrent et rebondirent sur les mottes de terre, les taillis et les ronciers, de plus en plus vite, roulant et tournoyant jusqu'en bas du mont Tourneboule, dans les ténèbres de la nuit.

La tempête se calma. Une lune pâle et argentée se fraya un chemin entre les nuages, projetant des ombres spectrales sur la colline. La pluie s'allégea, puis cessa complètement. Billy, Mme Mandiddy et un Christopher Chausson endolori descendirent en zigzag. De temps en temps, ils appelaient : « Chat-en-Vrac ? », mais l'animal restait introuvable. Personne n'appela Phillipa Chausson.

Alors, sortant de l'ombre, un chat traversa le chemin devant eux. Il était roux avec des chaussettes blanches, comme s'il avait marché dans une flaque de peinture. Il s'approcha de Billy et se frotta contre sa jambe.

– Chat-en-Vrac ? C'est bien toi ? demanda le garçon d'une voix douce.

Il se mit à genoux pour regarder dans ses yeux verts. Le chat frotta son museau contre sa joue, puis se coucha sur le dos pour l'inviter à lui chatouiller le ventre.

– Tu sais parler ? lui demanda Mme Mandiddy.

L'animal ne répondit pas, ne réclama pas de biscuits, pas plus qu'il ne se plaignit de l'herbe mouillée. Il se contenta de fermer les yeux et de ronronner profondément. C'était un chat comme tous les chats.

– Viens avec nous, lui dit Billy. Tu pourras habiter chez Mme Mandiddy. N'est-ce pas, madame Mandiddy ?

– Bien sûr. Il pourra rester le temps qu'il voudra. Je suis même prête à changer le papier peint de la chambre d'amis.

– Je viendrai te voir tous les jours. Je te montrerai les trésors de mon bric-à-brock, et…

Billy se tut soudain. Il venait de comprendre que Chat-en-Vrac ne le comprenait pas. Ce n'était qu'un chat, après tout.

Celui-ci se remit sur ses pattes et s'éloigna tranquillement, reniflant les herbes mouillées en chemin.

Et qu'en était-il de Phillipa Chausson ?

Ils trouvèrent une cuiller en bois dans l'herbe, à côté d'un grand roncier plein de grosses mûres bien juteuses. Billy regarda de plus près. Il faisait trop noir pour qu'il voie quoi que ce soit.

– Est-ce qu'elle est là ? s'enquit Mme Mandiddy, qui ne semblait pas très inquiète.

– Je ne sais pas. J'aperçois quelque chose. Peut-être un lapin.

Christopher Chausson s'avança alors.

– Phillipa ? Tu m'entends ?

Le roncier remua.

– Est-ce que ça va ?

Le buisson remua encore, plus vigoureusement cette fois. Billy avança son visage le plus loin qu'il le put.

Lentement, ses yeux s'accoutumèrent à l'obscurité pleine d'épines. Il vit une jambe, verticale, le pied en haut – sa mère avait dû tomber la tête la première –, puis un bras, et une tête… mais celle-ci était bien trop proche de la jambe. Ce n'était pas possible. Ce n'était pas naturel.

Sous le choc, il fit un bond en arrière.

– Qu'est-ce qu'il y a ? demanda son père.

– C'est… Euh…

Les mots ne voulaient pas sortir. Christopher Chausson et Mme Mandiddy regardèrent par eux-mêmes.

– Ça alors ! s'exclama la vieille dame.

Elle paraissait plutôt amusée.

Christopher Chausson se retourna vers Billy. Il était bouche bée.

– Elle…

Elle ressemblait exactement à Dobbie, la poupée de Mindy qui avait la tête, les bras et les jambes au mauvais endroit.

Nous savons, maintenant, que Billy n'est pas un mauvais garçon. Malicieux peut-être, et un peu rêveur, mais pas méchant. Certainement pas du genre à abandonner sa mère en vrac dans un roncier. Il allait sûrement la sortir de là et la remonter au sommet du mont Tourneboule. N'est-ce pas ?

Mais oui, certainement.

Et tout aussi certainement, il allait la pousser doucement dans la pente, et en un rien de temps elle serait réparée. Cette bonne vieille Phillipa Chausson.

Bien sûr qu'il allait le faire. Vous le feriez bien, vous, non ?

Remerciements

Un énorme merci à tous ceux qui m'ont aidé et encouragé en chemin.

Papa, Sue, Bob, Shorts et ma géniale frangine, Melissa (qui ne ressemble absolument pas à Mindy), merci pour votre soutien et vos critiques honnêtes depuis le début.

À Emma Matthewson et l'équipe fantastique chez Hot Key, ainsi qu'à Kate Hindley pour ses chouettes illustrations.

À mon agent, Jo Williamson, qui a été la première à lancer Chat-en-Vrac (dans la pente).

À maman, pour m'avoir fourni un refuge pour écrire et la meilleure sauce à la viande.

À Simon, pour son inébranlable foi en moi, sa générosité et son amitié.

Et à Kasia, Otis et Matylda, mon amour pour toujours.

Dans la même collection

Fintan Fedora, le pire explorateur du monde
À la poursuite du chocoprune
Clive Goddard
Illustré par Irène Bonacina

Le Pire Explorateur du monde
À la recherche de la cité perdue
Clive Goddard
Illustré par Irène Bonacina

Menteur, Menteur !
Morris Gleitzman
Illustré par Ronan Badel

Ma meilleure amie
et autres ennemies
Catherine Wilkins
Illustré par Aurore Callias

Ma vie géniale
et autres désastres
Catherine Wilkins
Illustré par Aurore Callias

Joe millionnaire
David Walliams
Illustré par Tony Ross

Monsieur Kipu
David Walliams
Illustré par Quentin Blake

Mamie gangster
David Walliams
Illustré par Tony Ross

Ratburger
David Walliams
Illustré par Tony Ross

Diabolique Dentiste
David Walliams
Illustré par Tony Ross

Madame Pamplemousse
et ses Fabuleux Délices
Rupert Kingfisher
Illustré par Sue Hellard

Madame Pamplemousse
et le Café à Remonter le Temps
Rupert Kingfisher
Illustré par Sue Hellard

Madame Pamplemousse
et la Confiserie Enchantée
Rupert Kingfisher
Illustré par Sue Hellard

La Malédiction des cornichons
Siobhan Rowden
Illustré par Mark Beech

La Vengeance des betteraves
Siobhan Rowden
Illustré par Mark Beech

La Folle Balade
de Fennymore Coupure
Kirsten Reinhardt
Illustré par David Roberts

43, rue du Vieux-Cimetière
Trépassez votre chemin
Kate Klise
Illustré par M. Sarah Klise

43, rue du Vieux-Cimetière
Il faudra me passer
sur le corps
Kate Klise
Illustré par M. Sarah Klise

43, rue du Vieux-Cimetière
Jusqu'à ce que la morsure
nous sépare
Kate Klise
Illustré par M. Sarah Klise

43, rue du Vieux-Cimetière
Le fantôme hante toujours
deux fois
Kate Klise
Illustré par M. Sarah Klise

43, rue du Vieux-Cimetière
Ça tourne (mal) à Hollywood !
Kate Klise
Illustré par M. Sarah Klise

43, rue du Vieux-Cimetière
Bon Baisers d'outre-tombe
Kate Klise
Illustré par M. Sarah Klise

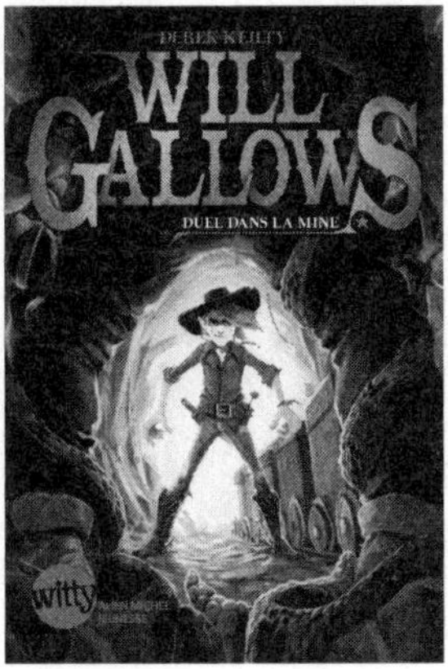

Will Gallows
Duel dans la mine
Derek Keilty
Illustré par Jonny Duddle

Will Gallows
Le Cri du dragon-foudre
Derek Keilty
Illustré par Jonny Duddle

Composition Nord Compo
Impression CPI Blackprint en mars 2015
Imprimé en Espagne
Numéro d'édition : 21262/01